船舶智能化与绿色技术丛书

船舶科考绞车系统设计与优化

李文华　葛杨元　林珊颖　孙玉清　著

科 学 出 版 社

北　京

内 容 简 介

本书基于国家重点研发计划"深海关键技术与装备"重点专项"全海深地质绞车系统研制"的研究成果,以科考船绞车系统设计与优化为主线,主要内容包括科考船绞车系统研究现状、科考船绞车结构设计与优化、科考船绞车系统减张力技术、科考船绞车系统自动排缆技术、科考船绞车系统缆松弛补偿器设计与仿真、科考船绞车系统缆绳试验与应用。

本书可作为船舶与海洋工程及相关专业本科生和研究生的辅助教材,也可作为相关专业的工程技术人员和管理人员学习和工作的参考书。

图书在版编目(CIP)数据

船舶科考绞车系统设计与优化/李文华等著. —北京:科学出版社,2022.3
(船舶智能化与绿色技术丛书)
ISBN 978-7-03-071593-7

Ⅰ.①船… Ⅱ.①李… Ⅲ.①海洋调查船-甲板机械-绞车 Ⅳ.①U674.81

中国版本图书馆 CIP 数据核字(2022)第 029915 号

责任编辑:杜 权/责任校对:高 嵘
责任印制:赵 博/封面设计:苏 波

科学出版社出版
北京东黄城根北街 16 号
邮政编码:100717
http://www.sciencep.com
北京市金木堂数码科技有限公司印刷
科学出版社发行 各地新华书店经销
*
开本:787×1092 1/16
2022 年 3 月第 一 版 印张:9 1/4
2025 年 3 月第三次印刷 字数:220 000
定价:98.00 元
(如有印装质量问题,我社负责调换)

"船舶智能化与绿色技术丛书"
编委会

主编：吴卫国

编委（按姓氏拼音排列）：

    陈　宁　　陈顺怀　　程胜远　　胡以怀

    李天匀　　李文华　　廖煜雷　　刘敬贤

    欧阳武　　裴志勇　　吴卫国　　佘永华

    袁成清　　张勇明

"船舶智能化与绿色技术丛书"序

近年来,世界船舶产业发展聚焦"智能"和"绿色"两大热点。国际海事组织、国际标准化组织等国际组织将"绿色智能船舶"列为重要议题,国际主要船级社先后发布了相关的规范或指导性文件,世界主要造船国家大力推进绿色智能船舶的研制与应用,船舶绿色智能化也成为我国船舶制造业发展的新机遇和新挑战。

绿色智能船舶中的"绿色"是指船舶在制造、运营、拆解的全生命过程中,以"绿色"为设计理念,在确保船舶质量、满足船舶的使用功能基础上,最大程度地降低成本,减少污染,提高船舶的资源及能源的利用率,打造环境友好型和资源节约型船舶。我国已将"碳达峰""碳中和"目标写入"十四五"规划,为配合国家2060年实现"碳中和"的目标,造船与航运业正在广泛开展船体节能技术(包括水动力节能和创新节能技术),替代燃料及主、辅机节能技术,航态优化与能效管理等技术的研究与产品开发。

绿色智能船舶中的"智能"是指利用传感器、通信、物联网、互联网等技术手段,自动感知和获取船舶自身、海洋环境、物流、港口等方面的信息和数据,并基于计算机技术、自动控制技术和大数据处理分析技术,在船舶航行、管理、维护保养、货物运输等方面实现智能化运行的船舶,以使船舶更加安全、环保、经济和可靠。2015年,中国船级社发布了全球首部《智能船舶规范》,综合考虑了船舶安全、能效、环保、经济和可靠的需求,将(商用)智能船舶分解为智能航行、智能船体、智能机舱、智能能效管理、智能货物管理、智能集成平台等。经过划分后,各部分自成体系,而整体上又涵盖了船舶上的各类智能系统。

当前,我国正处于世界新一轮科技革命和产业变革同我国转变发展方式的历史交汇期,发展绿色智能船舶是实现船舶工业转型升级、由造船大国向造船强国迈进所面临的千载难逢的历史机遇。我国船舶工业和航运业在绿色智能船舶领域进行了有益探索,相关科研攻关取得积极进展,船舶智能化与绿色技术的工程应用初显成效,已形成一定的技术积累和产业基础,基本与国际先进水平保持同步。为了给广大船舶科技工作者系统介绍船舶智能化与绿色技术的研究成果,将国内与国际研究相结合,更好地为国家海洋强国战略服务,科学出版社组织国内多所高校的专家学者编著了"船舶智能化与绿色技术丛书"。

"船舶智能化与绿色技术丛书"重点介绍新技术与新产品,注重学科交叉,理论与应用相结合,系统性、专业性较强。本套丛书的推出将在引领我国船舶与海洋工程领域的基础研究、原始创新和规模化发展，加快船舶与海洋工程建设水平，促进船舶与海洋工程领域研究成果转化和相关先进设备的产业化进程，推进我国成为海洋强国等方面起到积极的作用。

随着新技术特别是人工智能技术的迅猛发展，丛书内容难免会有缺陷与不足，但希望在我国船舶领域的高等学校、科研院所、造船企业及相关科技界的关怀下，在参加编著的专家学者的共同努力下，丛书的出版能够为我国船舶与海洋工程的技术进步与创新、推动船舶产业的"绿色化发展、数字化转型、智能化升级"做出应有的贡献，并为船舶与海洋工程界的科研人员和高等学校师生提供参考和指导。

吴卫国

2022 年 2 月 18 日

前言 FOREWORD

科考船作为海洋调查研究的基本载体，是一个国家综合国力的体现。深海地质绞车系统用于深海地质取样仪器的吊放和回收，是远洋科考船的基本配置设备。目前，国内深海科考船上使用的地质绞车系统几乎全部从挪威、丹麦、美国等欧美国家进口，这严重制约了我国深海科考事业的发展，因此，我国亟须开展全海深地质绞车系统的自主化研发。

2018年8月，经交通运输部推荐，大连海事大学联合南通力威机械有限公司等单位申报的国家重点研发计划"深海关键技术与装备"重点专项"全海深地质绞车系统研制"项目获科技部批复立项，大连海事大学李文华教授团队全程参与该项目的研究工作。依托大连海事大学"海底工程技术与装备国际联合研究中心"、辽宁省船舶机电一体化重点实验室和大连市海洋装备工程技术研究中心等平台及南通力威机械有限公司现有技术基础，联合中国船舶工业集团公司第七〇八研究所、哈尔滨工程大学、中国船舶重工集团有限公司第七一〇研究所、上海彩虹鱼海洋科技股份有限公司、浙江四兄绳业有限公司、巨力索具股份有限公司经过两年协同技术攻关，成功研制出国产全海深地质绞车系统"海威DJ11000"，关键核心部件国产化率达100%，完全实现自主可控。2021年10月，国产全海深地质绞车系统"海威DJ11000"随自然资源部北海局"向阳红06"船在我国公海海域完成了首个航次的深海调查任务，本航次地质取样作业水深达7 762 m，生物拖网放缆长度达11 000多m，最大收放缆绳速度超过120 m/min，最长连续作业时间超过30 h，获得多站位的深海样品，充分验证了国产深海绞车系统的稳定性和作业能力，打破了国外同类设备的垄断局面。

本书系统梳理科考船绞车系统的分类与工作原理；设计并优化科考船绞车系统结构，大大减少绞车系统体积并减轻其重量；基于合成纤维缆的绞车减张力技术提高缆绳的使用寿命和自动排缆控制精度；设计并优化科考船绞车系统自动排缆器，建立合成纤维缆实时状态监测体系，实现全海深地质绞车系统自动排缆；设计并仿真分析科考船绞车系统缆松弛补偿器，防止合成纤维缆因疲劳磨损过早失效，延长合成纤维缆的使用寿命；开展科考船绞车系统合成纤维缆的试验与收放缆状态研究，提出全尺寸合成纤维缆非线性刚度计算方法，准确预估合成纤维缆在多种动载荷作用下的刚度演化过程。本书的研究成果应用于国产全海深地质绞车系统"海威DJ11000"，并在实际科考取样作业过程中得到验证与应用，为我国海洋强国建设提供科技支撑，为我国的海洋科考事业"走向远洋、走向深海、走向极地"提供可靠保障。

本书由李文华、葛杨元、林珊颖、孙玉清撰写，南通力威机械有限公司娄兴建、潘瑞祥参与撰写第 2 章内容，中国船舶工业集团公司第七〇八研究所桑巍、佟寅参与撰写第 3 章内容，哈尔滨工程大学孔凡凯参与撰写第 4 章内容，浙江四兄绳业有限公司李航宇、自然资源部北海局张洪欣参与撰写第 6 章内容，周性坤博士、叶浩然博士、王昱清硕士、刘雄雁硕士参与撰写第 2 章内容，韩凤翚博士、刘羽佳博士、施雨硕士参与撰写第 5 章内容，李根博士、柯思城硕士参与撰写第 6 章内容。

  本书受国家重点研发计划"深海关键技术与装备"重点专项"全海深地质绞车系统研制"（2018YFC0309000）、国家自然科学基金面上项目"船舶液压系统流动介质边界层感知点优化布置理论及其状态模型研究"（51779026）、辽宁省"兴辽英才计划"项目"深海科考绞车升沉补偿系统关键技术研究"（XLYC2007092）资金资助。

  感谢科技部、交通运输部、中国 21 世纪议程管理中心等单位的支持！感谢项目责任专家、各位评审专家及各位朋友的鼎力支持和帮助！感谢项目组各单位和项目组成员的合作与支持！感谢"向阳红 06"船全体船员、科考队员及项目海试人员！再一次向对本书做出贡献的单位和个人表示衷心的感谢！

  本书撰写过程中参考了许多资料，已尽可能详细地在参考文献中列出，在此向这些专家学者们深表敬意。同时，若本书中已引用但是由于疏忽而没有指出资料出处，对此表示诚挚的歉意。

  限于作者的理论水平和实践经验，书中难免有不足或疏漏之处，敬请读者不吝赐正。

李文华
2021 年 11 月

目 录
CONTENTS

第1章 概述 1
1.1 科考船绞车系统的研究进展 3
1.2 科考船绞车系统分类与工作原理 6
 1.2.1 科考船绞车系统的作用和分类 6
 1.2.2 科考船绞车的工作原理 11
1.3 国产全海深地质绞车系统"海威 DJ11000"简介 19

第2章 全海深地质绞车系统结构设计与优化 23
2.1 全海深地质绞车系统结构设计 25
 2.1.1 全海深地质绞车系统工作原理与主要部件 25
 2.1.2 全海深地质绞车系统受力分析 28
 2.1.3 全海深地质绞车系统刚柔耦合分析 31
2.2 全海深地质绞车系统结构优化 41
 2.2.1 全海深地质绞车系统结构优化方法 41
 2.2.2 储缆绞车卷筒应力检测 48
 2.2.3 科考船绞车系统缆绳检测 49

第3章 科考船绞车系统减张力技术 53
3.1 牵引绞车主要结构 55
3.2 减张力技术工作原理 56
 3.2.1 理论模型 56
 3.2.2 缆绳张力分析 56
3.3 基于合成纤维缆绳的绞车减张力设计 57
3.4 减张力卷筒缆槽加工修正 60

第4章 科考船绞车系统自动排缆技术 63
4.1 自动排缆器总体结构设计 65
 4.1.1 丝杠的设计 65
 4.1.2 丝杠支撑轴承选型校核 68
 4.1.3 伺服电机及伺服减速机选型 69
 4.1.4 销轴式传感器 69
 4.1.5 支座及导向轴 70

        4.1.6 行走机构设计 …………………………………………………………… 71
        4.1.7 总体结构方案 …………………………………………………………… 72
    4.2 自动排缆器有限元分析 …………………………………………………………… 73
        4.2.1 模型的简化 ……………………………………………………………… 73
        4.2.2 基于简化模型的结构强度分析 ………………………………………… 74
        4.2.3 基于简化模型的模态分析 ……………………………………………… 77
        4.2.4 排缆系统机械传动机构动力学模型 …………………………………… 79
    4.3 折线槽结构与设计 ………………………………………………………………… 81
    4.4 自动排缆检测 ……………………………………………………………………… 85

第 5 章 科考船绞车系统缆松弛补偿器设计与仿真 ………………………………… 89
    5.1 缆松弛补偿器系统整体设计方案 ………………………………………………… 91
        5.1.1 缆松弛补偿器液压系统工作原理 ……………………………………… 91
        5.1.2 控制方案设计 …………………………………………………………… 92
    5.2 缆松弛补偿器相关元件设计 ……………………………………………………… 93
        5.2.1 液压油缸设计 …………………………………………………………… 93
        5.2.2 关键液压部件选型 ……………………………………………………… 94
        5.2.3 缆松弛补偿器整体模型 ………………………………………………… 98
    5.3 基于有限元分析的缆松弛补偿器强度校核 ……………………………………… 99
        5.3.1 液压油缸有限元分析 …………………………………………………… 99
        5.3.2 储能器有限元分析 ……………………………………………………… 100
        5.3.3 储缆绞车及滑轮有限元分析 …………………………………………… 102
    5.4 缆松弛补偿器系统仿真分析 ……………………………………………………… 104
        5.4.1 液压系统建模仿真 ……………………………………………………… 104
        5.4.2 仿真结果分析 …………………………………………………………… 105

第 6 章 科考船绞车系统缆绳试验与应用 …………………………………………… 113
    6.1 科考船绞车系统合成纤维缆试验 ………………………………………………… 115
        6.1.1 试验准备 ………………………………………………………………… 115
        6.1.2 试验过程 ………………………………………………………………… 117
        6.1.3 试验安全 ………………………………………………………………… 122
    6.2 科考船绞车系统收放缆过程 ……………………………………………………… 122
        6.2.1 OrcaFlex 仿真建模 ……………………………………………………… 123
        6.2.2 4 500 m 水深收放缆过程 ……………………………………………… 124
        6.2.3 海试与仿真结果对比 …………………………………………………… 132
        6.2.4 仿真总结 ………………………………………………………………… 133

参考文献 ………………………………………………………………………………… 135

第 1 章

概 述

科考船绞车系统用于科考船取样仪器的吊放和回收,是远洋科考船的基本配置设备。本章概述科考船绞车系统的研究进展、分类和工作原理,并对国产全海深地质绞车系统"海威 DJ11000"进行介绍。

1.1 科考船绞车系统的研究进展

科考船作为海洋探测与研究的重要平台,是海洋科研能力建设最重要的组成部分,也是国家综合国力的体现,其装备水平直接关系国家的海洋科技实力。科考船作为一个重要的载体和平台,为海洋科学研究提供强有力的支撑。随着科技的不断发展,各种新式船载探测设备的出现,船载探测系统也形成了一个有机的整体。海洋综合科考的作业主要包括水体探测、海底探测、大气探测、深海探测、声学探测等,科考船全海深科考作业平台如图 1.1 所示。

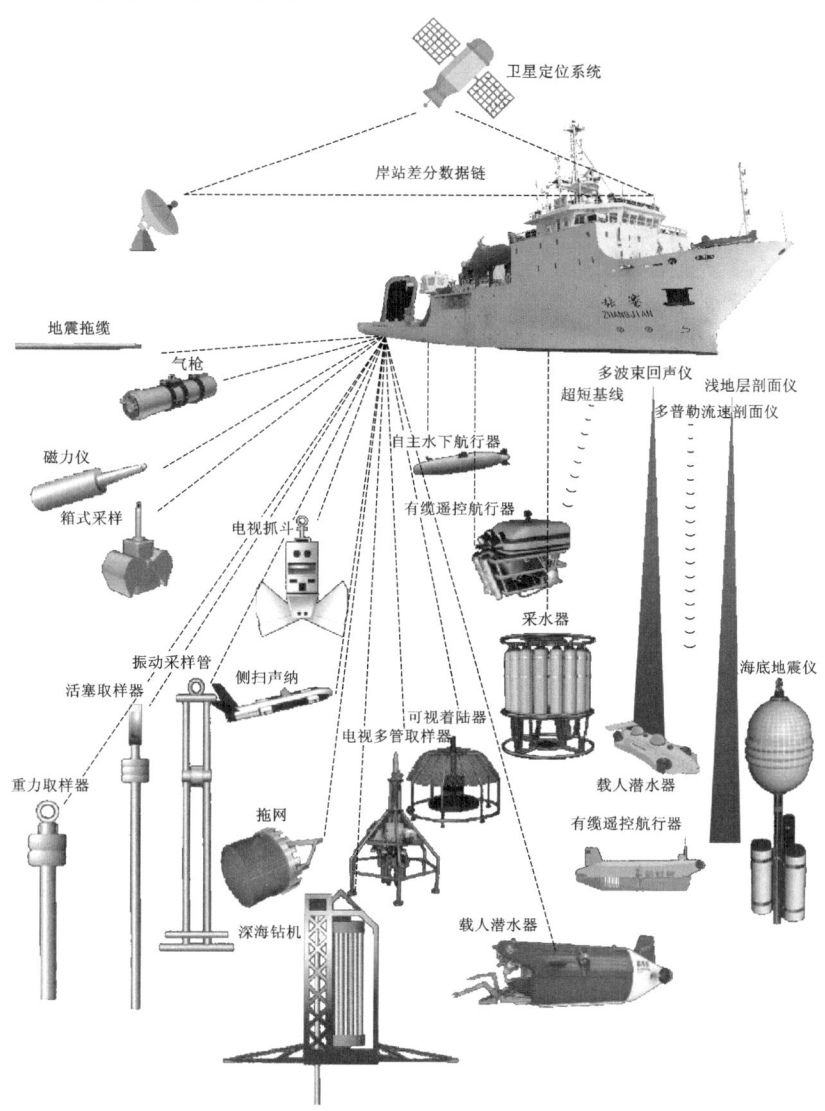

图 1.1 科考船全海深科考作业平台

上海彩虹鱼海洋科技股份有限公司供图

认识海洋、经略海洋，需要具备对海洋观测、探测及预测的能力。科考船是海洋调查研究的基本载体，深海科考绞车系统用于深海调查仪器的吊放和回收，是远洋科考船的基本配置设备。

新"太阳"（Sonne）号是德国联邦教研部建造的一艘全球级海洋综合科考船，建造于2013年，于2015年底交付使用，如图1.2所示。该船的科考绞车系统为电动型，并埋舱安装，详细绞车系统情况见表1.1[1]。

图1.2 德国新"太阳"（Sonne）号科考船

表1.1 新"太阳"（Sonne）号科考绞车系统

绞车类型	数量	工作载荷/kN	缆绳类型，长度，直径
组合绞车（牵引+储缆）	2	150	光缆、电缆或混合缆，8 000 m，ϕ18 mm
通用绞车	2	40	光缆、电缆或混合缆，8 000 m，ϕ11 mm
水文生物绞车	1（2个储缆绞车）	20	同轴缆，6 000 m，ϕ8 mm
移动式绞盘（portable capstan）	1	50	—
辅助绞车	2	100	50 m，ϕ22 mm
移动式渔业绞车（portable fishing winch）	1	—	Dyneema，3 000 m
移动式地震绞车（portable seismic winch）	1	—	Dyneema，500 m

英国新"发现"（Discovery）号是一艘全球级的海洋综合科考船，建造于2010年，于2013年底交付使用，如图1.3所示。该船科考绞车系统见表1.2[1]37-43。

图 1.3 英国新"发现"（Discovery）号科考船

表 1.2 新"发现"（Discovery）号科考绞车系统

绞车类型	数量	工作载荷/kN	缆绳类型
深水取样绞车（deep water coring winch）（牵引+储缆）	1	300	合成纤维缆
深拖绞车（deep tow winch）（牵引+储缆）	1	110	光电复合缆
拖网绞车（trawling winch）（直拉）	1	125	同轴缆
地质取样绞车（coring winch）（直拉）	1	110	钢缆
温盐深（conductivity，temperature，depth，CTD）测量绞车（牵引+储缆）	1	50	承力缆

"Investigator"号是澳大利亚新建的一艘全球级的科学调查船，于 2013 年加入澳大利亚船队，如图 1.4 所示。该船科考绞车系统见表 1.3[1]37-43。

图 1.4 澳大利亚"Investigator"号科考船

表 1.3 "Investigator"号科考绞车系统

绞车类型	数量	工作载荷/kN	缆绳类型，长度
取样绞车（coring winch）	1	200	合成纤维缆，8 400 m
温盐深测量绞车（CTD winch）	2	—	光电复合缆，7 000 m
重载通用拖曳绞车（heavy duty general purpose towing winch）	1	110	钢缆，8 400 m
水文绞车（hydrographic winch）	1	—	合成纤维缆，2 000 m
拖网绞车（trawl winch）	2	50	钢缆，8 400 m
拖体绞车（towed body winch）	1	—	光电缆，6 000 m
净卷网滚筒（net drum winch）	1	—	—
杂用绞车（utility winch）	1		

国外研发科考船绞车系统已有 100 多年历史，研发机构主要集中在欧美国家，如挪威 RAPP Marine（现已被 MacGreror 收购）、美国 Markey Machinery、丹麦 MacArtney Underwater Technology、加拿大 Hawboldt Industries、法国 Kley france、英国 Rolls-Royce、西班牙 Ibercisa、芬兰 MacGreror 等。

国内南通力威机械有限公司于 2015 年先后为俄罗斯 3 艘科考船配备 6 套载荷分别为 5 t、12 t、20 t 的电动绞车，容绳量达 8 000 m，并通过中国船级社（China Classification Society, CCS）认证，目前运行效果良好。2018 年大连海事大学联合南通力威机械有限公司等单位承担国家重点研发计划"深海关键技术与装备"重点专项"全海深地质绞车系统研制"项目，成功研发国产全海深地质绞车系统"海威 DJ11000"，容绳量达 13 000 m，工作载荷≥20 t，系统性能及技术指标全面达到并部分超过国外同类主流产品水平，关键核心部件国产化率达 100%，完全实现自主可控。2021 年 10 月，"海威 DJ11000"随自然资源部北海局"向阳红 06"船在公海海域完成了首个航次的深海调查任务，获得多站位的深海样品。

中国船舶重工集团第七〇四研究所研发万米科考绞车，安装在"探索二号"科考船上。无锡德林防务装备股份有限公司研制了万米级光电复合缆深海科考绞车样机。江苏射阳远洋船舶机械科技有限公司研制了 DSWS-10000 型万米钢缆深海绞车样机。湖南科技大学研制了电驱动主动升沉海洋绞车样机。

1.2 科考船绞车系统分类与工作原理

1.2.1 科考船绞车系统的作用和分类

1. 科考船绞车系统的作用

科考船绞车系统是用于存储和收放科考作业用缆绳的各种类型绞车的总称。科考船绞车系统的具体作用如下。

（1）收放传感器包，包括通过水柱的电导率、温度和深度传感器等；

（2）将取样（心）系统下放到海底，从海底获取样本；

（3）拖曳平台，如用于海底测绘的拖曳海底仪器（towed ocean bottom instrument，TOBI）；

（4）拖曳起伏的传感器平台，如在航行中测量水的特性的传感器；

（5）拖曳深海拖网和网系统。

2. 科考船绞车系统的分类

科考船上配有各种绞车系统，每艘科考船根据不同的作业要求配备相应的绞车系统，根据不同的分类方法，科考船绞车系统可分为如下类型，如图1.5所示。

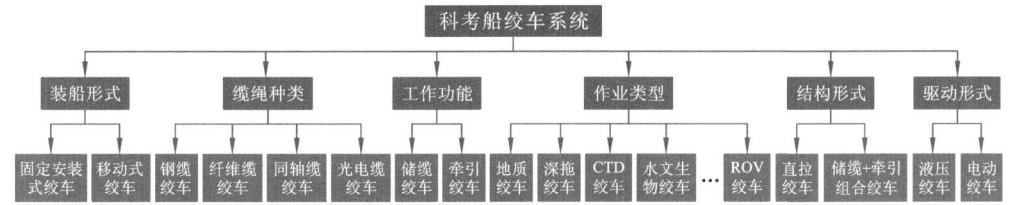

图1.5 科考船绞车系统分类

（1）按装船形式的不同，可分为固定安装式绞车和移动式绞车。

固定安装式绞车是指通过焊接或螺栓连接的方式固定安装在船上的绞车，根据安装形式又可分为绞车舱集中安装形式（图1.6）和甲板分散安装形式（图1.7）。目前大多数固定安装式绞车都是采用集中埋舱安装的布置形式，这种形式适合配有多台绞车的情况，布置较为紧凑，且封闭的舱室环境有利于提高设备的防护能力。地质绞车、深拖绞车、同轴缆绞车、CTD绞车等一般采用固定安装形式，水文绞车有时也会采用固定安装方式[1]229-243。

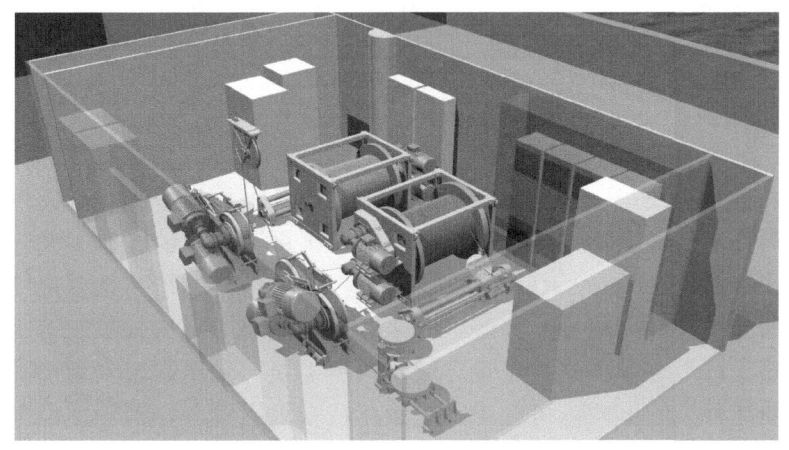

（a）集中埋舱形式——绞车舱

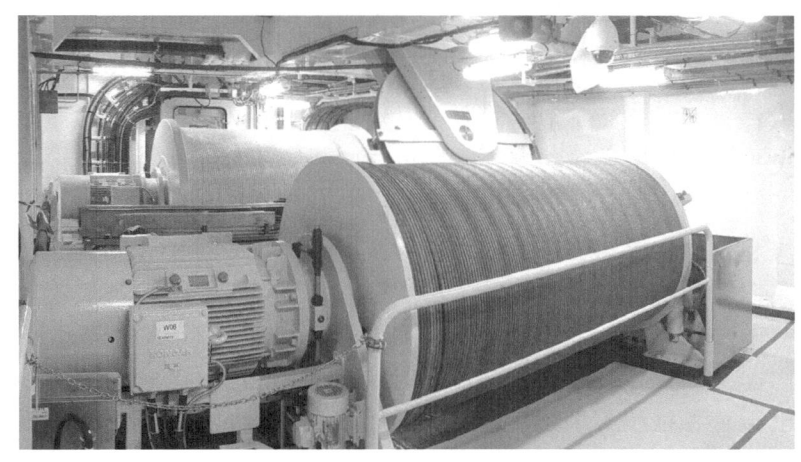

(b)"Kronprins Haakon"科考船绞车舱

图1.6 集中安装式科考船绞车系统绞车舱

图1.7 甲板分散安装式科考船绞车系统

移动式绞车一般采用甲板螺栓固定(图1.8)或集装箱箱脚固定(图1.9)两种固定方式。这两种方式绞车安装和拆卸相对简单,因此可根据航次实际需要进行上船安装,同时也可实现在船上不同位置的灵活布置。采用移动式的绞车主要包括遥控潜水器(remote operated vehicle,ROV)专用绞车、地震电缆绞车、地震炮缆绞车、拖曳式多参数剖面测量(moving vessel profiler,MVP)绞车、磁力仪绞车等。当然在一些专用的调查船上,上述移动式绞车也可能会根据需要,采用固定安装形式[1]229-243。

(2)按缆绳种类的不同,可分为钢缆绞车、纤维缆绞车、同轴缆绞车、光电缆绞车,如图1.10所示。

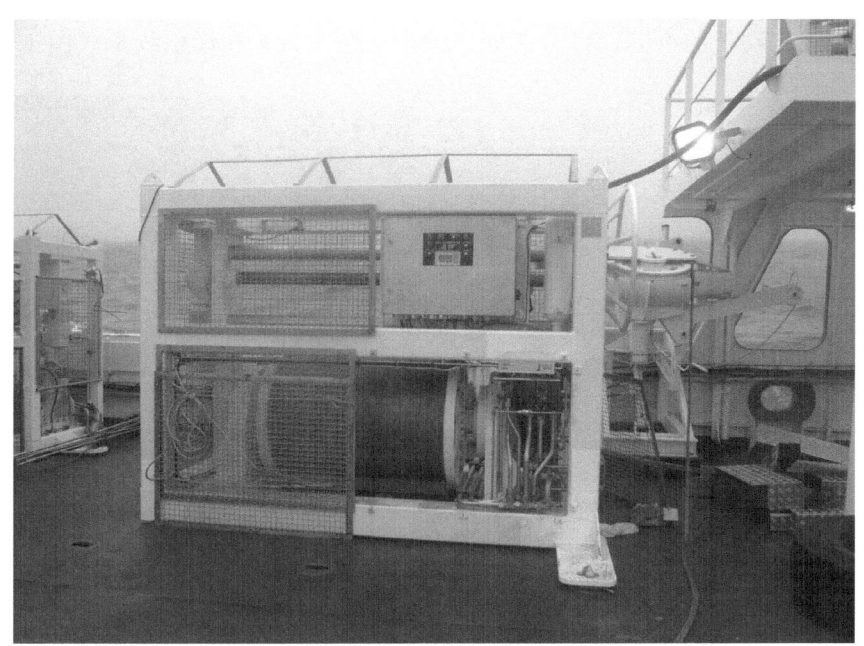

图 1.8 甲板螺栓固定式科考船绞车系统

图 1.9 集装箱箱脚固定式科考船绞车系统

   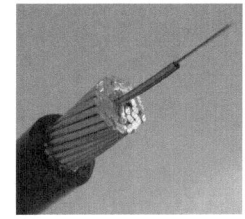

（a）钢缆　　　　（b）纤维缆　　　　（c）同轴缆　　　　（d）光电缆

图 1.10 不同种类缆绳的科考船绞车系统

（3）按工作功能的不同，可分为储缆绞车（图1.11）和牵引绞车（图1.12）。

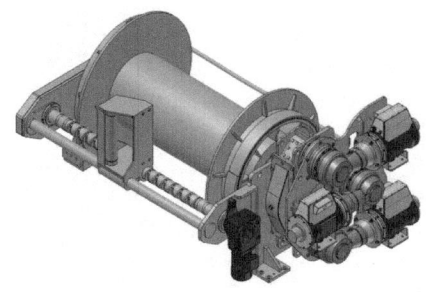 

（a）模型图　　　　　　　　　　　（b）实物图

图1.11　储缆绞车

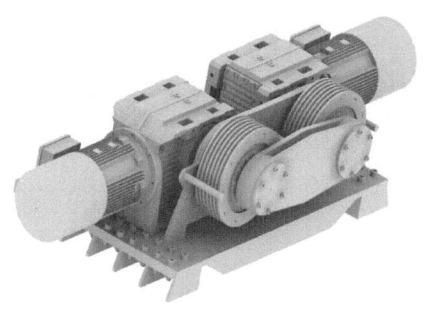 

（a）模型图　　　　　　　　　　　（b）实物图

图1.12　牵引绞车

（4）按作业类型的不同，可分为地质绞车、深拖绞车、电视取样绞车、水文生物绞车、CTD绞车、痕量金属绞车、ROV绞车、地震炮缆绞车、地震电缆绞车等。

（5）按结构形式的不同，可分为组合绞车［牵引绞车（traction winch）＋储缆绞车（storage winch）］（图1.13）和直拉绞车（direct pull winch）（图1.14），组合绞车一般适用于深水和重载作业。

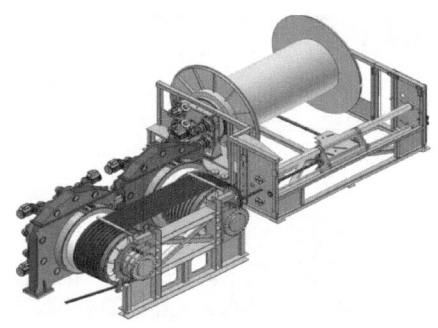 

（a）组合绞车模型　　　　　　　　（b）Dynacon公司深拖组合绞车

图1.13　组合绞车

（a）直拉绞车模型　　　　　　　（b）MacArtney Underwater 公司 ROV 直拉绞车

图 1.14　直拉绞车

（6）按驱动形式的不同，可分为液压绞车（electro-hydraulic drive winch）[图 1.15（a）]和电动绞车（electric drive winch）[图 1.15（b）]，这两种驱动方式都在船上有实际应用。现在大多数绞车采用电力驱动方式[1]229-243。

（a）液压绞车　　　　　　　　　（b）电动绞车

图 1.15　科考船电动绞车和液压绞车

1.2.2　科考船绞车的工作原理

1. 地质绞车

地质绞车（geological winch）是用于收放海底地质取样设备及其他深海海底探测设备的专用绞车。根据所使用缆绳的不同，又可分为钢缆地质绞车（图 1.16）和合成纤维缆地质绞车（图 1.17）。

图 1.16　"Kronprins Haakon" 科考船绞车舱内钢缆地质绞车

图 1.17 美国 Markey Machinery 公司万米合成纤维缆地质绞车

这两种形式的绞车在组成和结构上基本一致,区别主要是缆绳种类不同,合成纤维缆与钢缆的性能对比见表 1.4。随着水深增加,钢缆地质绞车的工作载荷相应增加,而合成纤维缆地质绞车重量轻(几乎没有重量),且不随水深增加而增加工作载荷。此外,二者在储缆绞车和滑轮绳槽的尺寸上也略有差异。

表 1.4 合成纤维缆与钢缆的性能对比表

性能指标	$\phi 26$ 钢缆	$\phi 26$ 合成纤维缆
摩擦系数	0.15	0.1~0.12
额定载荷伸长率	1%~1.5%	2.5%~3%
每百米质量/kg	200	6
最小破断强度/kN	437(1870 钢芯的强度等级)	600(高分子纤维缆)

地质绞车一般由牵引绞车和储缆绞车等主要部件组成,绞车所需的液压泵组或变频器可与其他绞车共用或集中放置;而牵引绞车根据布置需要,可单独设置(图 1.18),也可与其他绞车共用(图 1.19)。地质绞车工作时,地质缆在船外端通过承重头与调查设备连接。由于调查设备和缆绳的自重,地质缆绳将一直保持张力,并通过滑轮组传导至牵引绞车上,牵引绞车具有对终端负载减少张力的功能。缆绳经过牵引绞车后将调整到较低的张力,然后储存在储缆绞车上。低张力有利于储缆绞车上缆绳的精确排缆,同时大大降低缆绳间的挤压变形,延长缆绳的使用寿命。

储缆绞车(图 1.11)由驱动马达、减速箱、排缆器和储缆卷筒组成,主要用于作业缆绳(如钢缆、合成纤维缆、光电缆、同轴缆等)的存放。一般情况下,缆绳在进入储缆绞车卷筒前都会通过牵引绞车,将缆绳上的张力降低到较低水平,以便缆绳的排缆和储存。

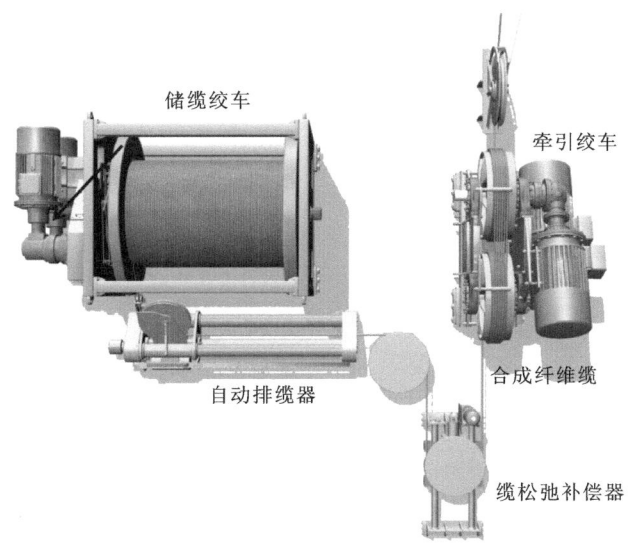

图 1.18 合成纤维缆地质绞车系统独用牵引绞车

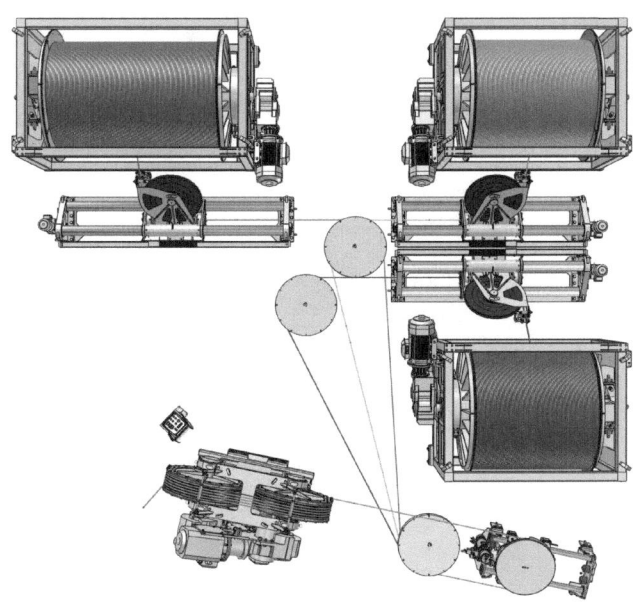

图 1.19 合成纤维缆地质绞车共用牵引绞车

牵引绞车（图 1.12）一般由驱动马达、减速箱和两个牵引绞车摩擦轮组成，其中牵引绞车摩擦轮是关键部件，其表面设有若干圈绳槽。这些绳槽延长了缆绳的行程，并且当缆绳经过这些绳槽后，缆绳和绳槽间的静摩擦力，会使进出牵引绞车摩擦轮两端的缆绳张力产生差异，张力小的一端缆绳与储缆绞车卷筒相连，张力大的一端与探测设备相连。

2. 同轴缆绞车

同轴缆绞车（coaxial cable winch）（图1.20）是指用于收放和储存同轴缆的专用绞车，其组成和结构形式等均与地质绞车类似。

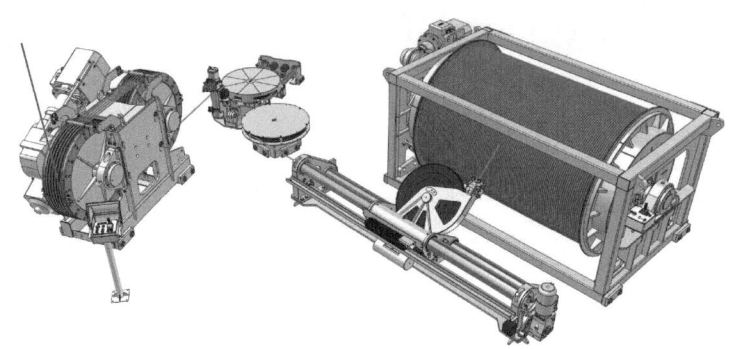

图1.20　同轴缆或光电缆绞车

同轴缆（图1.21）是指由内外两个相互绝缘的同轴心导体构成的电缆，同轴缆正是由它这种结构形式而命名的。一般来说，同轴缆的内导体为铜线，外导体为环形导电层，电磁场封闭在内外导体之间，故辐射损耗小，受外界干扰影响小，可有效地保证信号的传递。

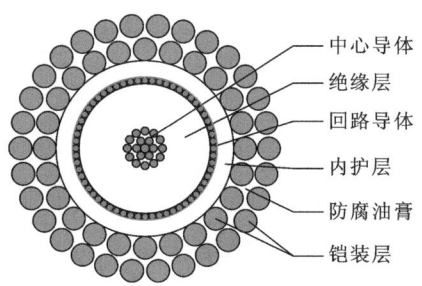

图1.21　同轴缆截面图

铠装同轴缆是在同轴缆外部再增加一层由高强度钢丝组成的机械保护层，可增加同轴缆的抗拉强度和抗压强度，延长其使用寿命，使同轴缆在传递信号和电能的同时，可承受一定的负载。

3. 光电缆绞车

光电缆绞车（electro optical cable winch）（图1.22）是指用于收放和储存光电缆的专用绞车，其组成和结构形式也与地质绞车类似。

图 1.22 光电缆绞车

光电缆（图 1.23）是将金属导线和光纤有机结合起来，同时、同路、同走向传输电能与光信息的一体化传输介质，可实现电力流、业务流、信息流的一体化融合。铠装光电缆是在光电缆外部再增加一层由高强度钢丝组成的机械保护层，可增加光电缆的抗拉强度和抗压强度，延长其使用寿命，使光电缆在传递信号和电能的同时，可承受一定的负载。

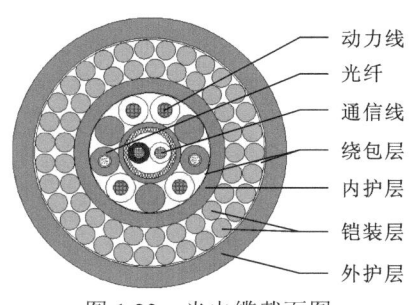

图 1.23 光电缆截面图

4. CTD 绞车

CTD 绞车（图 1.24）是用于收放采温器、采盐器、采深器、采水器等调查设备的专用绞车。CTD 绞车一般由牵引单元和储缆单元等主要部件组成，绞车所需的液压泵组或变频器可与其他埋舱绞车共用或集中放置。

一般 CTD 绞车都具有主动波浪补偿（active heave compensation，AHC）功能，它通过接收由船舶姿态传感单元（motion reference unit，MRU）传输来的船舶运动信号来分析、处理、控制绞车卷筒的正反转和速度，从而使缆绳终端设备在水下位置处于基本稳定的状态。

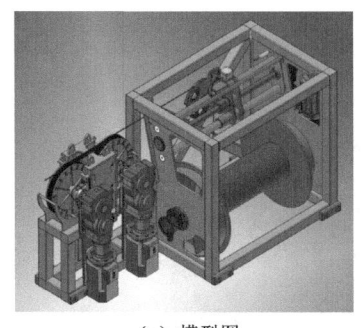

(a)模型图　　　　　　　　　　　(b)实物图

图 1.24　CTD 绞车

5. 水文生物绞车

水文生物绞车（hydrobiological winch）（图 1.25）是用于收放水文参数测量设备和海洋生物调查设备的专用绞车。进行水文生物测量的设备重量较轻，且所需缆绳长度一般为 2 000～4 000 m，缆径为 10 mm 左右，因此水文生物绞车的额定负荷一般在 5 t 左右；由于负荷较小，一般采用直拉绞车，绞车可进行缆绳的收放和存储。水文生物绞车使用的缆绳一般为钢缆，当绞车工作时，钢缆在船外的一端通过承重头与调查设备（如生物垂直拖网等）连接，并经过滑轮组，最后储存在储缆绞车上。

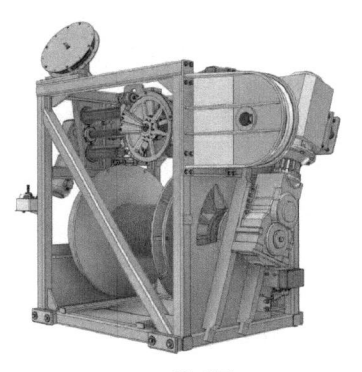

(a)模型图　　　　　　　　　　　(b)实物图

图 1.25　水文生物绞车

6. ROV 专用绞车

ROV 与支持母船通过一条脐带缆相连，从母船获得动力并传输信息，这条脐带缆通常也是 ROV 的起吊缆。脐带缆主要为深海作业系统提供电力、气液压动力、化学注入和数据传输通道，将电缆（动力缆或信号缆）、光缆（单模或多模光缆）、液压或化学药剂管（钢管或软管）有机地组合在一起。脐带缆的设计除了兼顾电力、信息、液压等的传输功能，还要满足复杂海况的动态响应要求，其对材料的强度、柔韧性、抗腐蚀和抗渗透要求极高。脐带缆的截面图如图 1.26 所示。

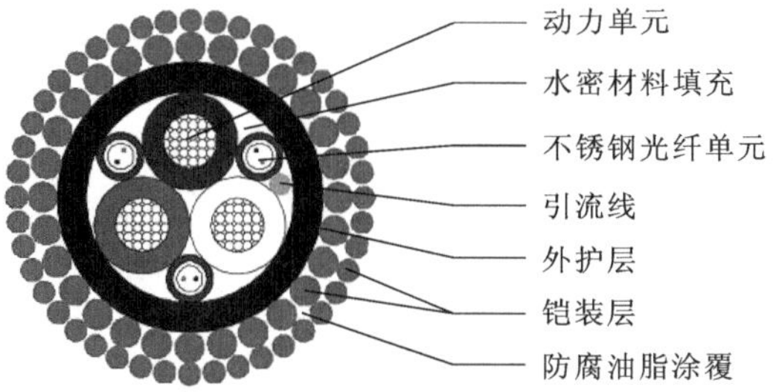

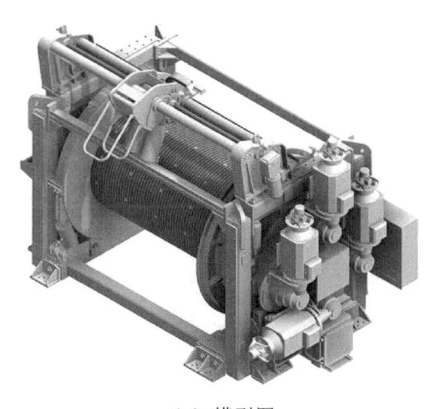

图 1.26 脐带缆截面图

（从上到下标注：动力单元、水密材料填充、不锈钢光纤单元、引流线、外护层、铠装层、防腐油脂涂覆）

ROV 专用绞车（图 1.27）就是用于收放和储存脐带缆的绞车，是释放和回收 ROV 的重要设备。ROV 专用绞车也可称为 ROV 脐带缆收放绞车。

（a）模型图　　　　　　（b）实物图

图 1.27 ROV 专用绞车

在浅海作业时，ROV 专用绞车一般采用单筒直拉结构，而对于深海作业的 ROV，考虑绞车负荷和脐带缆的维护等因素，一般会采用组合绞车（牵引+储缆）结构，将脐带缆的提升和储存工作分离，其设计原理与万米地质绞车系统是类似的。

7. 地震电缆绞车

地震电缆绞车（seismic cable winch）（图 1.28）是用于收放和存储海洋多道地震电缆的专用绞车。地震电缆绞车属于船载移动地震系统的一部分，须与地震炮缆绞车、地震气枪阵列、地震作业控制室、地震空压机、地震液压泵站等配套使用。地震电缆绞车一般采用集装箱安装方式，可根据需要快速装船使用。

8. 地震炮缆绞车

地震炮缆是负责将高压空气传输到地震枪阵，并通过放炮产生震源信号波的专用线缆，地震炮缆绞车（图 1.29）就是收放和储存地震炮缆的专用绞车。地震炮缆绞车的安装可分为固定式和移动式，对于大多数综合科考船来说，一般配置的是安装在专用集装箱内的移动式绞车，需配置高压气分配箱。

图 1.28 地震电缆绞车

 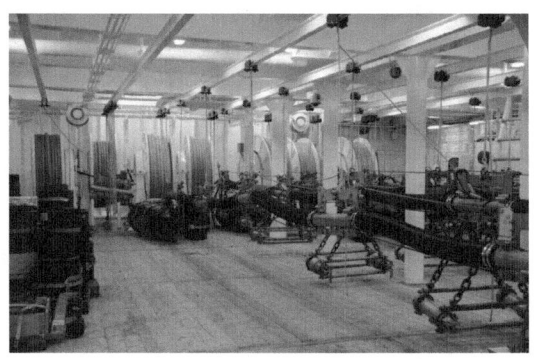

（a）固定式　　　　　　　　　　　（b）移动式

图 1.29 地震炮缆绞车

9. 拖曳式多参数剖面测量绞车

拖曳式多参数剖面测量系统，是一种新型的海洋监测设备，它改变了海洋监测技术中传统的站位测量模式，充分利用船舶在直航过程中，搭载不同类型的传感器并按照波浪式轨迹运动，对海洋剖面实施快速、高效和实时的多参数同步测量。MPV 绞车（图 1.30）是用于收放和存储拖曳缆绳的绞车。拖曳缆绳与拖曳体连接，拖曳体的深度和姿态控制可以通过改变拖曳船速度、专用绞车收放缆动作和拖曳体控制面攻角来实现。

10. 磁力仪绞车

磁力仪绞车（magnetometer winch）（图 1.31）是用来收放磁力仪的绞车，一般为便携式，使用时安装于舷侧。绞车上设置有磁力仪滑环，以便与磁力仪电缆连接。

图 1.30 RollsRoyce 公司的 MVP300 绞车

图 1.31 Okeanus 公司磁力仪绞车

1.3 国产全海深地质绞车系统"海威 DJ11000"简介

随着海洋科考逐步从近岸走向远洋，科考船作业深度也越来越深，与此相对应的地质绞车系统的缆绳也会越来越长，储缆绞车卷筒容绳量已超过 13 000 m，这对深海地质绞车系统的大载荷牵引绞车、储缆绞车自动排缆等提出了更为严格的要求。目前，国内深海科考船上使用的地质绞车系统几乎全部从挪威、丹麦、美国等发达国家进口，这限制了我国科考船配套设备的发展，因此急需开展全海深地质绞车系统国产化自主研发，构建我国全海域、全水深、全天候的专业、高效、智能、绿色的海洋科考装备体系。

大连海事大学李文华教授团队联合国内多家机构，经过两年攻关，解决了深远海科考作业地质绞车系统存在传统钢缆自重过大、缆绳易磨损断裂、超大容量缆绳排缆乱卷缠绕等问题，建立了全尺寸合成纤维缆非线性刚度计算模型和合成纤维缆实时状态监测体系，突破了全海深地质绞车系统结构设计与优化技术、大载荷牵引绞车减张力技术、缆松弛补偿器快速补偿响应技术、排缆器自适应多冗余精确控制技术等，于2020年10月成功制出全海深地质绞车系统"海威DJ11000"，并已顺利通过车间陆上联调试验，如图1.32和图1.33所示。"海威DJ11000"装入自然资源部北海局"向阳红06"船，如图1.34所示，并在4 000～6 000 m水深进行多次取样，取样成功率达100%。

图1.32　国产全海深地质绞车系统"海威DJ11000"车间联调布置图

图1.33　国产全海深地质绞车系统"海威DJ11000"车间陆上联调试验

图 1.34　全海深地质绞车系统安装在"向阳红 06"科考船绞车舱

"海威 DJ11000"最大工作水深达 11 000 m,可在全世界范围所有海域最大海深处开展地质取样作业,系统性能及技术指标全面达到并部分超过国外同类主流产品水平,成为国内首套同时拥有中国船级社和美国船级社(American Bureau of Shipping,ABS)双认证的全海深地质绞车系统,并拥有国内首根 13 000 m 无接头合成纤维缆,整机系统国产率≥95%,关键核心部件国产化率达 100%,完全实现自主可控。

2021 年 10 月,国产全海深地质绞车系统"海威 DJ11000"随自然资源部北海局"向阳红 06"船在我国公海海域完成了首个航次的深海调查任务,并获央视新闻、人民日报、新华网、中国科学报、中国交通报、辽宁日报等媒体广泛报道。该航次地质取样作业水深达 7 762 m,生物拖网放缆长度达 11 000 多米,最大收放缆绳速度超过 120 m/min,最长连续作业时间超过 30 h,获得多站位的深海样品,如图 1.35～图 1.37 所示,充分验证了国产深海绞车系统的稳定性和作业能力,打破了国外同类设备的垄断局面。

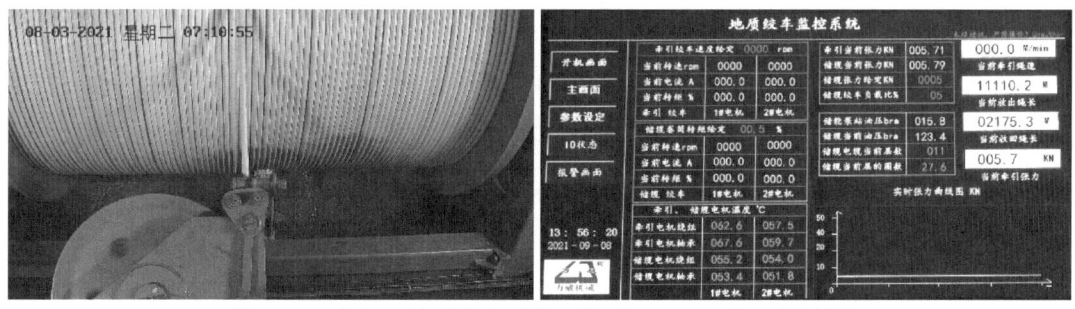

图 1.35　全海深地质绞车系统"海威 DJ11000"工作过程

图 1.36 "海威 DJ11000"箱式、柱状和生物拖网取样作业

图 1.37 "海威 DJ11000"获得的深海生物和矿石样品

下一步"海威 DJ11000"将随自然资源部北海局"向阳红 06"船开展常态化深海调查作业,为我国深海资源开发利用、交通强国与海洋强国建设提供科技支撑,为我国的海洋科考事业"走向远洋、走向深海、走向极地"提供可靠保障。

第 2 章

全海深地质绞车系统结构设计与优化

我国海域油气资源丰富，约占我国总油气资源量的1/3。近年来，我国油气资源开发迅速，陆地油气资源日益减少，高效开采海洋油气资源对未来的发展有着十分重要的意义。地质绞车系统用于科考船上地质取样、海底生物拖网取样及吊放仪器使用，是深海资源勘探和开发过程中不可缺少的设备。

本章对科考船全海深地质绞车系统进行论述，分为两部分内容：第一部分介绍科考船绞车系统结构的设计；第二部分对科考船绞车系统结构优化展开讨论。具体研究内容如下：根据绞车系统整体结构，介绍绞车系统的工作原理和组合绞车（牵引绞车+储缆绞车）系统的主要部件；建立地质绞车整体模型，并且将绞车主要受力部分、牵引绞车摩擦轮和储缆绞车机架进行简化；分析缆绳对摩擦轮的受力情况及储缆绞车机架受力情况，得到其变形和应力云图，针对应力较大的部分，有针对性地进行结构优化；分析其安全系数，对安全系数较大的部分采取减重处理，从而达到降低成本的目的；对储缆绞车卷筒进行应力测试，对缆绳状态进行测试，其中包括缆绳变形检测和缆绳排缆检测。

2.1 全海深地质绞车系统结构设计

本节针对科考船绞车系统中结构设计展开讨论,以全海深地质绞车系统为例,介绍全海深地质绞车系统工作原理、主要部件;讨论全海深地质绞车系统受力分析情况,包括介绍缆绳张力的产生、牵引绞车摩擦轮受力分析,以及合成纤维缆绞车受力理论分析。

2.1.1 全海深地质绞车系统工作原理与主要部件

1. 全海深地质绞车系统工作原理

全海深地质绞车系统主要是由牵引绞车、缆松弛补偿器、自动排缆器、储缆绞车等部分组成。在绞车系统工作时,缆绳通过牵引绞车摩擦轮卷入,在自动排缆器引导下进入储缆绞车,通过缆松弛补偿器来防止缆绳的松弛。全海深地质绞车系统的工作原理如图2.1所示。

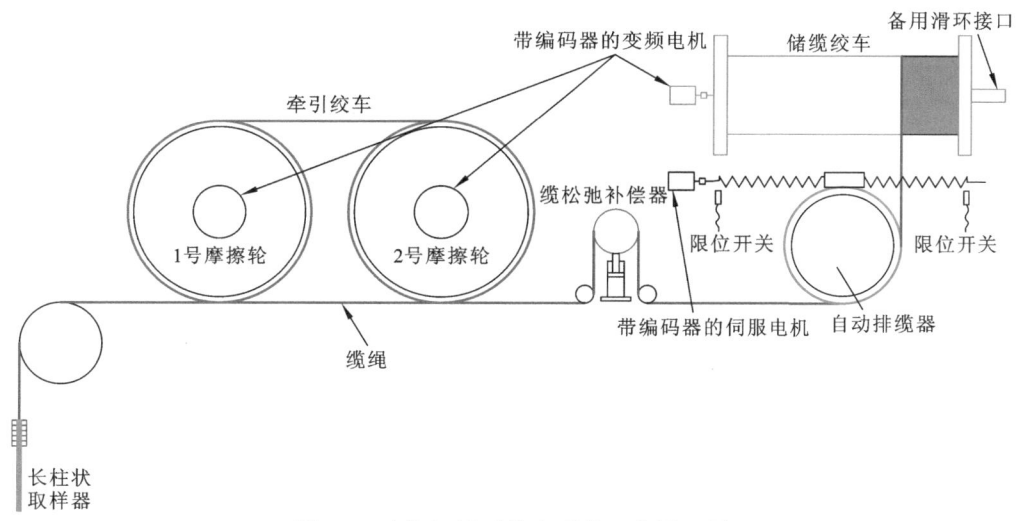

图 2.1 全海深地质绞车系统工作原理图

2. 全海深地质绞车系统主要部件

1) 系统整体模型及布局

全海深地质绞车系统结构主要由4大部分组成:牵引绞车、缆松弛补偿器、自动排缆器和储缆绞车,整体结构模型及布局如图2.2所示。

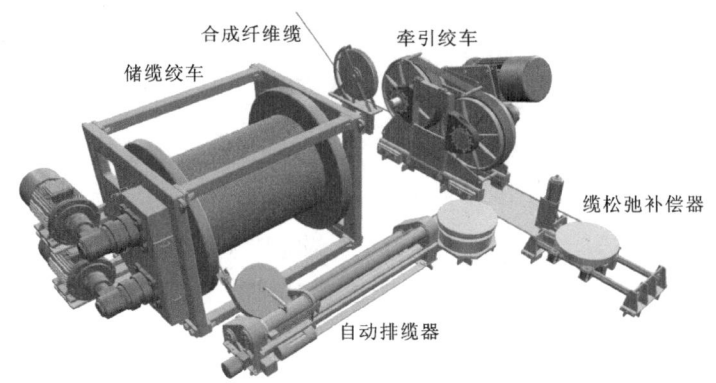

图 2.2　全海深地质绞车系统整体结构模型及布局

2）牵引绞车

当绞车系统处于收缆工况时，缆绳负载端经过的第一站就是牵引绞车[图 2.3（a）]。牵引绞车由两个结构相同，前后排列的主、从动摩擦轮[图 2.3（b）]组成，每个摩擦轮上带有多个平行缆槽。缆绳依次在同步驱动的两个摩擦轮上单层缠绕多圈，通过缆绳和摩擦轮之间的摩擦力来减少张力，使牵引绞车出缆处张力大大减小。

（a）牵引绞车模型

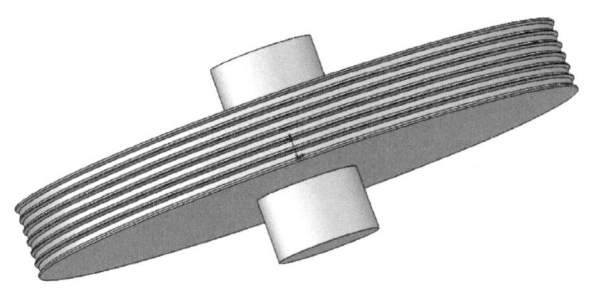

（b）简化后的牵引绞车摩擦轮

图 2.3　牵引绞车模型及牵引绞车摩擦轮

3）缆松弛补偿器

缆松弛补偿器是位于牵引绞车和自动排缆器之间的装置，主要用于控制牵引绞车和储缆绞车之间的张力，并及时地对缆绳的张力变化做出补偿，如图 2.4 所示。

图 2.4　缆松弛补偿器模型

4）自动排缆器

自动排缆器通常由丝杠、导向轴、行走机构（通常包括往复座与导缆器，导缆器通常有导柱型及导轮型两种），以及液压马达或电动机、联轴器、行程开关和传感器等部件组成，如图 2.5 所示。

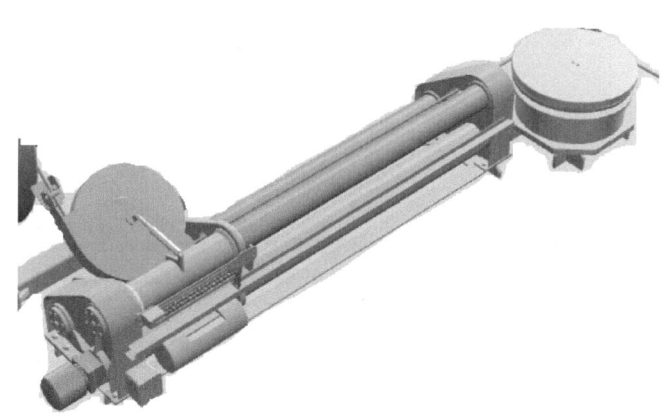

图 2.5　自动排缆器模型

5）储缆绞车

储缆绞车在结构上由电驱动控制系统或液压驱动控制系统、储缆卷筒和排缆机构组成，如图 2.6 所示。设计中也可以采用张力传感器来控制系统信号的反馈。排缆机构是协助储缆卷筒整齐排放缆绳的必要设备结构。

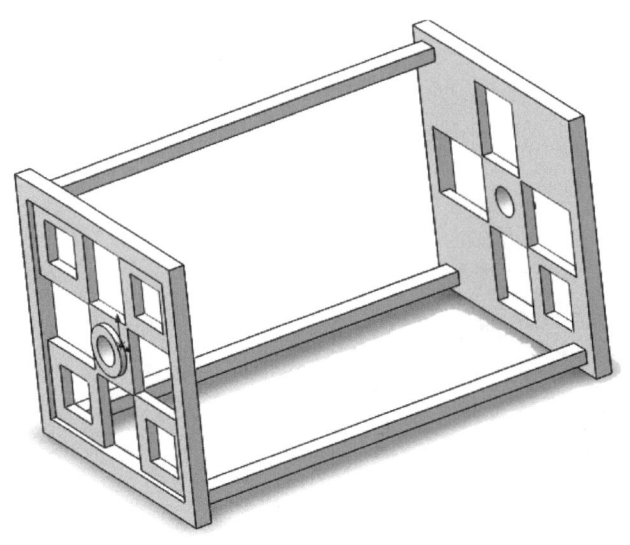

（a）简化后的储缆绞车机架模型

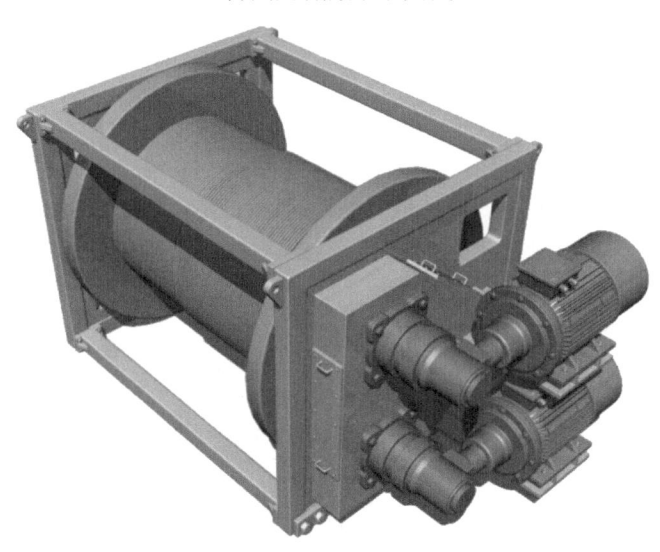

（b）储缆绞车模型

图 2.6　简化后的储缆绞车机架模型与储缆绞车模型

2.1.2　全海深地质绞车系统受力分析

1. 缆绳张力的产生

在缆绳受到两端力拉伸的时候，缆绳会产生一定的形变，缆绳的长度得到一定的增加，它会使缆绳向原有状态恢复，在这种情况下也就产生了张力。因为储缆绞车的主要功能是储蓄缆绳，储缆的速度主要取决于牵引绞车，储缆绞车的储缆卷筒的线速度主要是被动跟踪牵引绞车绞盘的线速度，储缆绞车工况取决于牵引卷筒的转动方向。

缆绳的恒张力主要取决于储缆卷筒相对于牵引摩擦轮之间线速度的跟随情况。绞车系统的放缆和收揽示意图如图 2.7 和图 2.8 所示。

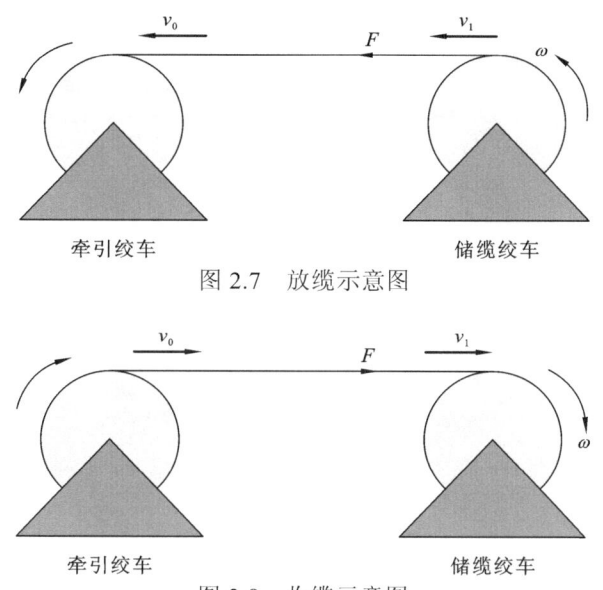

图 2.7　放缆示意图

图 2.8　收缆示意图

对图 2.7 和图 2.8 所示的收缆、放缆过程进行数学分析，得到缆绳所受的张力表达式：

$$F = \frac{EA}{L} \int_0^{t_1} (v_0 - v_1) dt \tag{2.1}$$

式中：L 为在没有拉伸情况下两绞车之间缆绳的长度；v_0 为牵引绞车线速度；v_1 为储缆绞车的线速度；E 为缆绳弹性模量；t_1 为速度调整时间；A 为缆绳截面积。

由式（2.1）可以看出，缆绳张力达到设定值时，张力会停止变化，即牵引绞车线速度与储缆绞车的线速度相等。绞车在收放作业过程中，决定收缆还是放缆的是牵引绞车的转向，储缆绞车主要是依据牵引绞车的运行状况调整储缆卷筒的线速度。

2. 牵引绞车摩擦轮受力分析

如图 2.9 所示，缆绳缠绕在牵引绞车摩擦轮上，摩擦轮顺时针转动。取摩擦轮上的一角度为 dα 微弧对应的小段缆绳进行受力分析，缆绳上张力为 $F + \mathrm{d}F$，经过 dα 微弧对应的摩擦使得张力减小了 dF，输出的张力为 F。dN 是缆绳对摩擦轮的正压力，μ 为缆绳与摩擦轮的摩擦系数。

3. 缆绳受力分析

绞车在收缆时，牵引摩擦轮承受了缆绳上大部分的张力，为储缆卷筒提供了稳定的工作条件。如图 2.10 所示，设牵引绞车摩擦轮转动角速度为 ω，缆绳在通过牵引摩

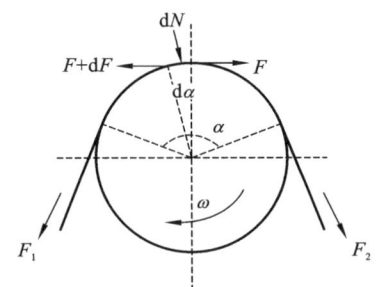

图 2.9 牵引绞车摩擦轮上缆绳受力分析

擦轮前所受张力为 T_1（紧边张力），T_1 通常是取样仪器和投放出缆绳的重量之和，通过牵引摩擦轮后缆绳张力为 T_2（松边张力）。

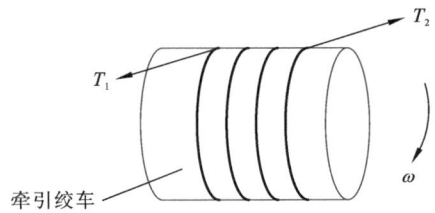

图 2.10 牵引绞车摩擦轮上缆绳工作受力

以牵引绞车摩擦轮上一段长为 dl 的缆绳微弧段为对象，分析其受力情况，其受力如图 2.11 所示。根据受力平衡关系有

$$T\cos\frac{d\theta}{2} + \mu dN = (T+dT)\cos\frac{d\theta}{2} \Rightarrow \mu dN = dT\cos\frac{d\theta}{2} \quad (2.2)$$

$$dN(T+dT)\sin\frac{d\theta}{2} + T\sin\frac{d\theta}{2} = 2T\sin\frac{d\theta}{2} + dT\sin\frac{d\theta}{2} \quad (2.3)$$

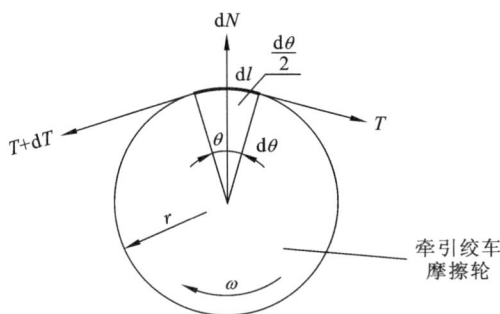

图 2.11 缆绳微元受力分析

因为 $d\theta$ 很小，所以 $\sin\dfrac{d\theta}{2} \approx \dfrac{d\theta}{2}$、$\cos\dfrac{d\theta}{2} \approx 1$，二阶微量 $dT\sin\dfrac{d\theta}{2} = dT\dfrac{d\theta}{2} \approx 0$，分别整理式（2.2）和式（2.3）可得

$$\begin{cases} \mu dN = dT \\ dN = Td\theta \end{cases} \Rightarrow \frac{dT}{T} = \mu d\theta \tag{2.4}$$

对式（2.4）两边积分 $\int_{T_2}^{T_1} \frac{dT}{T} = \int_0^{\theta} \mu d\theta$，两边取对数，整理后得

$$T_2 = \frac{T_1}{e^{\mu\theta}} \tag{2.5}$$

牵引绞车摩擦轮带动缆绳在摩擦轮上转动时缆绳会产生离心张力，如图 2.12 所示，dF_c 为 dl 微元段在卷筒上转动时的离心张力，q 为缆绳单位长度的质量，v 为卷筒转动的线速度，ω 为卷筒转动的角速度，r 为卷筒的半径，则缆绳在离心作用下的轴向张力为

$$dF_c = ma = (rd\theta)q\omega^2 r = qv^2 d\theta \tag{2.6}$$

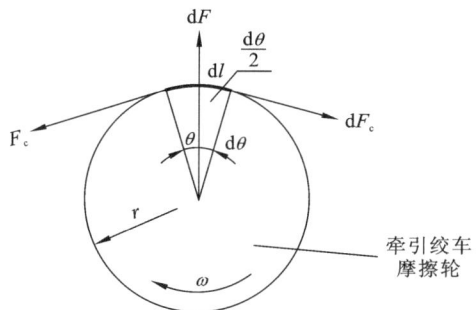

图 2.12　缆绳微元段离心张力示意图

离心力 dF_c 在 dl 两端会产生拉力 dF_c，由力的平衡条件得

$$2F_c \sin\frac{d\theta}{2} = qv^2 d\theta \Rightarrow F_c = qv^2 \tag{2.7}$$

离心张力只发生在缆绳做圆周运动的部分，但其引起的拉力可以作用到缆绳的全长，联立式（2.6）和式（2.7）可得

$$T_2 = \frac{T_2 - T_1}{e^{\mu\varphi}} + F_c \tag{2.8}$$

由式（2.8）可知，减小包角可降低摩擦力的驱动能力，所以如果牵引绞车摩擦轮转动速度较高，需要在设计牵引绞车摩擦轮时相应提高摩擦轮的轮槽数。

2.1.3　全海深地质绞车系统刚柔耦合分析

国内对海洋绞车的研究主要是先进行绞车卷筒理论仿真分析和结构优化，然后通过实验对比，设计出更加合适的绞车系统。通过有限元分析软件 ANSYS，可对绞车卷筒不同结构形式进行强度和刚度的仿真分析，从而在设计卷筒时通过增加周向筋板，适当减小筒体的壁厚，实现卷筒的轻量化。目前的技术手段，通常是在 SolidWorks 中建立绞车关键部件的实体模型，使用 ANSYS-Workbench 对绞车系统关键部件进行刚度、

强度和模态的分析，验证绞车系统的刚度、强度和模态是否满足整个系统的要求。然而，这些研究主要是对绞车系统某个部件进行静力学仿真分析，对完整绞车系统的刚柔耦合动力学仿真分析还比较少见。

为深入地研究整个科考船绞车系统在取样过程中的应力状态变化规律，检验组合绞车系统的安全性，首先利用 SolidWorks 对整个分离式绞车系统进行建模，然后对系统中的牵引绞车和储缆绞车进行基于 ANSYS 的刚柔耦合模型构造，探究不同转速下动力学仿真结果并对比分析，以验证所设计的牵引绞车、储缆绞车工作时的安全可靠性。

1. 深海科考船绞车系统模型建立

1）深海科考船绞车系统构成

深海科考船绞车模型采用组合绞车形式，系统主要是由牵引绞车、缆松弛补偿器、自动排缆器、储缆绞车等组成。在绞车系统工作时，缆绳通过牵引绞车摩擦轮卷入，在自动排缆器引导下进入储缆绞车，其中缆松弛补偿器用来防止缆绳的松弛。

2）牵引绞车

牵引绞车主要由前后排列的摩擦轮、绞车机架、牵引电机三个部分组成。缆绳依次在同步驱动的两个摩擦轮上单层缠绕多圈，两个摩擦轮保持一定角度的平行错位，通过缆绳和摩擦轮之间的摩擦力来减少张力，使牵引绞车出缆处张力大大减小。牵引绞车主要参数如表 2.1 所示。

表 2.1　牵引绞车主要参数

参数	数值
绞车长度/mm	2 623
绞车宽度/mm	1 605
绞车高度/mm	1 883

3）储缆绞车

储缆绞车主要由电动控制系统、储缆卷筒、绞车机架和辅助排缆机构组成。设计中采用张力传感器来控制系统的张力，并进行信号反馈。辅助排缆机构是协助储缆卷筒整齐排放缆绳的必要设备。储缆绞车主要参数如表 2.2 所示。

表 2.2　储缆绞车主要参数

参数	数值
绞车长度/mm	2 846
绞车宽度/mm	2 030
绞车高度/mm	1 980

2. 绞车系统受力分析

1）绞车卷筒受力和形变

由图 2.11 牵引绞车摩擦轮的受力分析可知，牵引绞车摩擦轮在工作中要承受以下应力：摩擦轮传递扭矩所产生的扭转应力、缆绳拉力所产生的弯曲应力、缆绳在摩擦轮上卷曲时发生在摩擦轮上的紧箍作用引起的应力。摩擦轮上的扭转应力较小，可以忽略不计。而在弯曲应力方面，牵引绞车和储缆绞车的受力状况不同。由图 2.2 和表 2.1、表 2.2 可知，相对于储缆绞车的长卷筒，牵引绞车由于摩擦轮长度较短，所以弯曲应力也可以被忽略，而储缆绞车卷筒的弯曲应力则不可忽略。因此对于牵引绞车，缆绳缠绕时对摩擦轮外壁的压力 dN 是对摩擦轮壁厚强度影响最大的因素，这种压力会导致绞车摩擦轮的形变。

为了计算缆绳上的拉力 F 在储缆绞车卷筒壁上引起的应力，首先计算出拉力 F 在薄壁卷筒表面单位面积上引起的压应力 P：

$$P = \frac{2F}{Db} \tag{2.9}$$

式中：D 为薄壁卷筒直径，mm；b 为卷筒绳槽间距，mm；P 为卷筒单位面积上所受的压力，MPa。

2）储缆绞车卷筒弯矩

储缆绞车的卷筒长度较长，导致由缆绳缠绕而在卷筒上产生的弯矩无法忽略，因此在对储缆绞车的仿真过程中还需要考虑在卷筒上作用的弯矩。对于弯矩，其计算公式为 $M_{\max} = FL/2$，F 为外力，L 为力臂。图 2.13 所示为储缆绞车水平弯矩图。A、F 为储缆绞车主轴左右两端点，B、C、D、E 分别为绞车上会产生弯矩的支点，为齿轮、机架所在处。通过受力计算分析得到储缆绞车上各点水平方向弯矩 M_{Ax}、M_{Bx}、M_{Cx}、M_{Dx}、M_{Ex}、M_{Fx} 的大小，其计算式如式（2.10）所示，其中 F_1 为绞车主轴所受合力大小，F_2 为绞车主轴所受到的水平方向的分力，d_{AB}、d_{AC}、d_{EF} 等分别代表相应两点之间的长度。

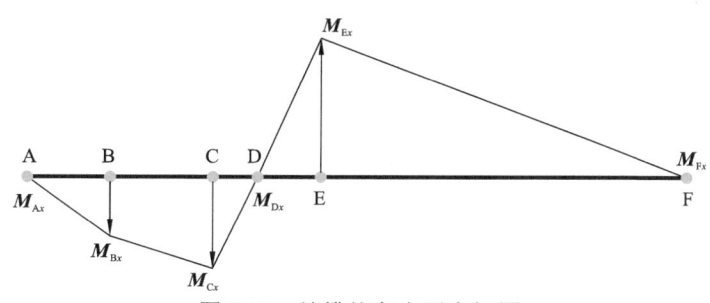

图 2.13 储缆绞车水平弯矩图

$$\begin{cases} M_{Ax} = M_{Fx} = 0 \\ M_{Bx} = \dfrac{2F_2 \times d_{AB} \times (d_{AC} - d_{AB})}{d_{AC}} \\ M_{Ex} = \dfrac{F_2 \times d_{EF} \times (d_{CF} - d_{EF})}{d_{CF}} \\ M_{Cx} = -\dfrac{\left[2F_2 \times \dfrac{d_{AB}}{d_{AC}} \times (d_{AC}^2 - d_{AB}^2) + F_1 \times \dfrac{d_{EF}}{d_{CF}} (d_{CF}^2 - d_{EF}^2) \right]}{2d_{AF}} \end{cases} \quad (2.10)$$

图 2.14 所示为储缆绞车竖直弯矩图。其中，F_3 为绞车主轴所受到的竖直方向的分力，R_{Cx} 为 C 点的水平支撑反作用力。储缆绞车竖直弯矩计算如式（2.11）所示。

$$\begin{cases} R_{Cx} = 2F_1 - F_2 - \dfrac{M_{Bx} + 2F_1(d_{AC} - d_{AB})}{d_{AC}} + \dfrac{M_{Bx} + F_1 \times d_{CE}}{d_{CB}} \\ M_{Ay} = M_{Fy} = M_{Ey} = 0 \\ M_{By} = \dfrac{2F_3 \times d_{AB} \times d_{BC}}{d_{AC}} \\ M_{Cy} = -\dfrac{2F_3 \times \dfrac{d_{AB}}{d_{AC}} \times (d_{AC}^2 - d_{AB}^2)}{2d_{AB}} \\ M_{Dy} = d_{CD} \times R_{Cx} \end{cases} \quad (2.11)$$

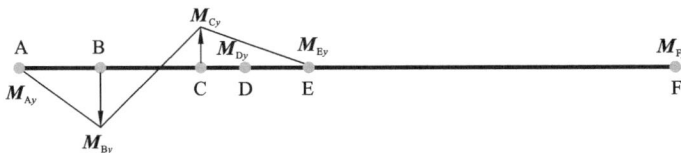

图 2.14 储缆绞车竖直弯矩图

最终将 A、B、C、D、E、F 各点水平弯矩 M_{Ax}、M_{Bx}、M_{Cx}、M_{Dx}、M_{Ex}、M_{Fx} 与各点竖直弯矩 M_{Ay}、M_{By}、M_{Cy}、M_{Dy}、M_{Ey}、M_{Fy} 合成相加即为该储缆绞车总弯矩 M，如式（2.12）所示。储缆绞车总弯矩示意图如图 2.15 所示。

$$\begin{cases} M_A = M_F = 0 \\ M_B = \sqrt{M_{Bx}^2 + M_{By}^2} \\ M_C = \sqrt{M_{Cx}^2 + M_{Cy}^2} \\ M_D = \sqrt{M_{Dx}^2 + M_{Dy}^2} \\ M_E = \sqrt{M_{Ex}^2 + M_{Ey}^2} \\ M = M_A + M_B + M_C + M_D + M_E + M_F \end{cases} \quad (2.12)$$

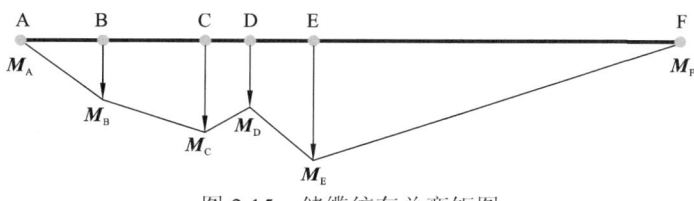

图 2.15　储缆绞车总弯矩图

3）储缆绞车机架受力和形变

储缆绞车机架的受力形变特征相比牵引绞车摩擦轮较为简单。储缆绞车机架位于整个绞车的最底部，其所承受的压力是整个储缆绞车系统中最大的一部分。储缆绞车机架的受力部位一般位于机架和卷筒的密切接触面。

3. 模型简化

在实际工程中，深海科考船绞车系统模型的各部件结构较为复杂，直接进行仿真将占用大量的计算机资源，降低研究效率，因此需要对绞车系统进行模型简化。为了准确模拟深海科考船绞车系统各部件的实际受力状况，利用 SolidWorks 软件对牵引绞车摩擦轮、牵引绞车机架、储缆绞车卷筒和机架 4 个部分进行模型简化重构，得到简化后的三维立体模型。简化后的牵引绞车摩擦轮、储缆绞车卷筒简化模型如图 2.16 和图 2.17 所示，简化后的牵引绞车机架、储缆绞车机架模型如图 2.18 和图 2.19 所示。

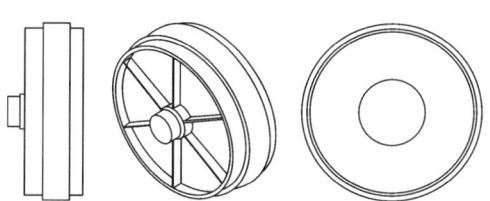

图 2.16　简化后的牵引绞车摩擦轮三维模型

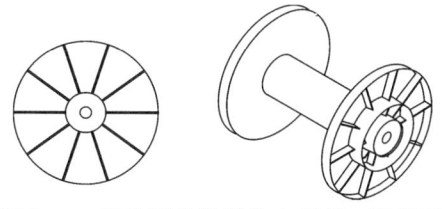

图 2.17　简化后的储缆绞车卷筒三维模型

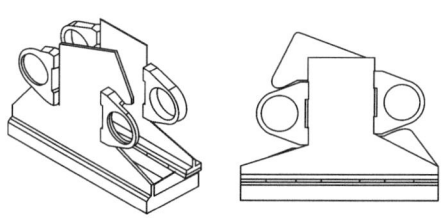

图 2.18　简化后的牵引绞车机架三维模型

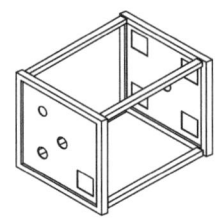

图 2.19 简化后的储缆绞车机架三维模型

该深海科考船绞车系统由低合金高强度结构钢件组成,采用国家标准《低合金高强度结构钢》(GB/T 1591—2008),低合金高强度结构钢件采用牌号为 Q355 的材料,该材料参数见表 2.3。

表 2.3 Q355 材料参数

参数	数值
密度/(kg/m³)	7 850
弹性模量/MPa	2.06×10^5
泊松比	0.28

4. 地质绞车刚柔耦合动力学计算方法与分析

1) 刚柔耦合动力学计算方法

建立深海科考船绞车刚柔耦合模型时,对模型的刚性体广义坐标采用刚体的质心笛卡儿坐标及能够反映刚体方位的欧拉角,即 $q=[x, y, z, \alpha, \beta, \gamma]^T$,且有约束条件 $\Phi(q, t_n)=0$。式中:q 为刚体的广义坐标矩阵;x、y、z 为刚体的笛卡儿坐标;α、β、γ 为 x、y、z 轴的角位移;t_n 为任意运动时刻。

对刚柔耦合模型的柔性体,运用有限元方法建立运动方程。根据柔性体的特点,在小形变中,柔性体的运动过程可以近似为刚性移动、刚性转动、变形运动三种运动的结合。设柔性体上任意一点为 N,则该位置矢量可表示为 $r = r_O + A(r_N + u_N)$,式中:r 为 N 在柔性体惯性坐标系 $O\text{-}xyz$ 中的矢量;r_O 为柔性体浮动坐标系 $O'\text{-}x'y'z'$ 的原点在惯性坐标系 $O\text{-}xyz$ 中的矢量;A 为浮动坐标系对惯性坐标系的旋转变换矩阵;r_N 为柔性体未产生形变之前在 N 处的浮动坐标系矢量;u_N 是由相对形变引起的位置向量。

对位置矢量进行求导,并根据拉格朗日方程推导之后即可得到刚柔耦合模型的拉格朗日函数:

$$\begin{cases} \dfrac{\mathrm{d}}{\mathrm{d}t}\left(\dfrac{\partial L}{\partial \xi}\right) + \dfrac{\partial \Gamma}{\partial \xi} + \left(\dfrac{\partial \Psi}{\partial \xi}\right)\lambda = Q + \dfrac{\partial L}{\partial \xi} \\ \Psi = 0 \end{cases} \quad (2.13)$$

式中:ξ 为柔性体的广义坐标;Ψ 为约束方程;λ 为对应于约束方程的拉式乘子;Q 为作用在物体上的广义惯性力;L 为拉格朗日算子,$L=T-W$,W 为系统势能,T 为系统动能;Γ 为系统的能量损耗。

2）牵引绞车刚柔耦合分析

将简化后的牵引绞车装配体模型导入 ANSYS 中进行瞬态响应分析。假设牵引绞车摩擦轮为柔性体，牵引绞车机架为刚性体。为了减轻计算机运行负担，提高仿真效率，在设置网格时，仅在受力多的地方采用较细的网格划分方式。如图 2.20 和图 2.21 所示，对牵引绞车摩擦轮滚轮使用 10 mm 大小的网格进行划分，其余部分使用 25 mm 大小的网格进行划分，整个摩擦轮的网格划分方法为四面体网格划分法。牵引绞车系统网格划分整体情况如图 2.22 所示。牵引绞车受力主要为缆绳施加在卷筒表面的向心正压力，该绞车系统设计最大承受正压力为 20 t。如图 2.23 所示，在仿真时对牵引绞车施加一个大小为 200 kN 的向心正压力。

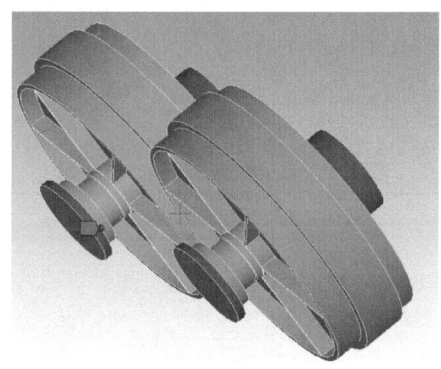

图 2.20 牵引绞车摩擦轮滚轮 10 mm 网格位置图

图 2.21 牵引绞车摩擦轮滚轮网格对比图

图 2.22 牵引绞车系统网格划分图

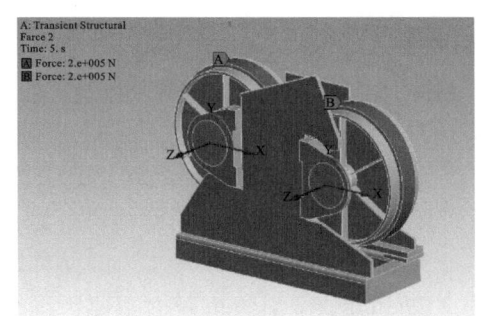

图 2.23 牵引绞车受力图

实际工程中,绞车系统设计的实际收放缆绳速度为 0~120 m/min,经换算可得到牵引绞车摩擦轮的最大转速为 3.45 rad/s。因此,分别研究 0.862 5 rad/s、1.725 rad/s、3.45 rad/s 三种转速情况,这三种转速分别对应最大速度的 25%、50%、100%。针对每一种转速情况,设置合适的仿真总时长和最小步时长,见表 2.4。

表 2.4 牵引绞车仿真数据设置

转速/(rad/s)	计算总时长/s	最小时间步/s
0.862 5	4	0.02
1.725	5	0.05
3.45	5	0.05

图 2.24、图 2.25、图 2.26 分别表示 0.862 5 rad/s、1.725 rad/s、3.45 rad/s 三种转速下,整个牵引绞车摩擦轮所受应力大小随时间变化的曲线。

由图 2.24~图 2.26 可知,在牵引绞车刚启动的一段时间内,牵引绞车所受最大应力值会发生较大幅度的振动,产生大量噪声,持续时间为 0.5~0.8 s。该时间内振动幅度和振动时长均与牵引绞车的转速大小有关。之后,系统的最大应力呈现一种周期变化的趋势。不稳定振动的最高幅值要远大于之后周期变化时期的最大应力。而且,整个绞车在运行中的平均应力值要远小于最大应力值,这说明牵引绞车在运行中整体所受应力较小且均匀稳定。

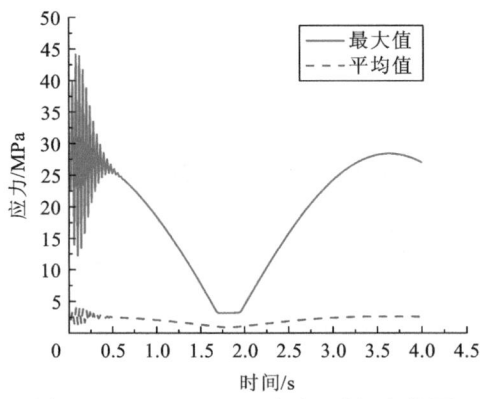

图 2.24 0.862 5 rad/s 应力-时间变化图

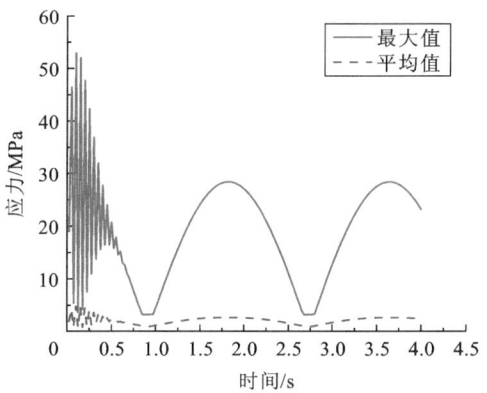

图 2.25　1.725 rad/s 应力-时间变化图

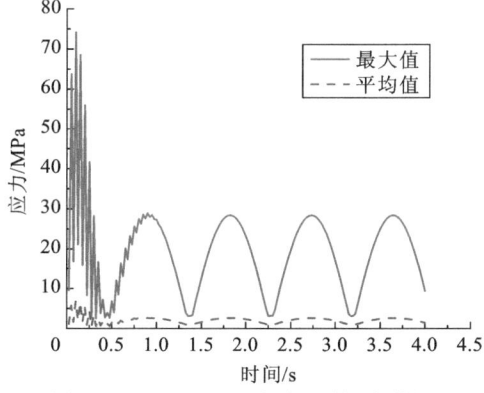

图 2.26　3.45 rad/s 应力-时间变化图

图 2.27 为不同转速下最大应力值变化趋势的进一步对比。可以看出，牵引绞车摩擦轮转速越快，不稳定振动的时长越小，转速越快应力振动时的峰值越大。当最大转速为 3.45 rad/s 时，其峰值最大为 74.19 MPa，远小于 Q355 钢的屈服应力。在实际操作时，即使是采用最大转速启动牵引绞车，也不会影响系统的正常运行。当牵引绞车转速稳定后发现，牵引绞车所受最大应力值幅值与转速无关，只与应力变化周期和转速有关，而且转速越快，系统达到稳定状态的应力变化周期越短。

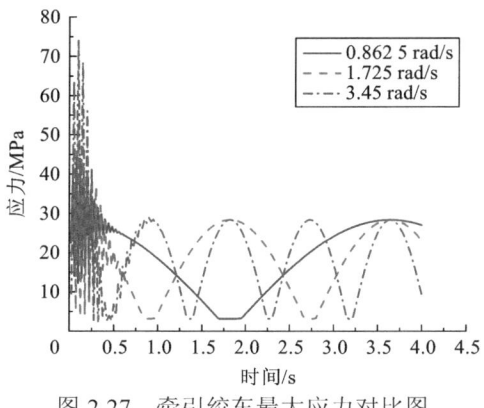

图 2.27　牵引绞车最大应力对比图

3）储缆绞车刚柔耦合分析

储缆绞车的刚柔耦合分析与牵引绞车类似，即假设储缆绞车卷筒为柔性体，储缆绞车机架为刚性体。根据储缆绞车卷筒的最大转速 5.5 rad/s，设置 1.375 rad/s、2.75 rad/s、5.5 rad/s 三种不同的仿真转速，其计算总时长、仿真最小时间步见表 2.5。

表 2.5　储缆绞车仿真数据设置

转速/（rad/s）	计算总时长/s	最小时间步/s
1.375	6	0.05
2.75	2	0.02
5.5	3	0.02

缆绳经牵引绞车减张力之后，经过缆松弛补偿器-滑轮组-自动排缆器出来，缆绳作用在储缆绞车上的力已经得到了有效的降低。因此储缆绞车的设计承受载荷小于牵引绞车，为 12 t。使用式（2.10）～式（2.12）对储缆绞车进行受力计算分析，当对储缆绞车卷筒表面施加一个大小为 120 kN 的向心压力时，存在的总弯矩大小为 7.46×10^7 N·mm，其受力如图 2.28 所示。

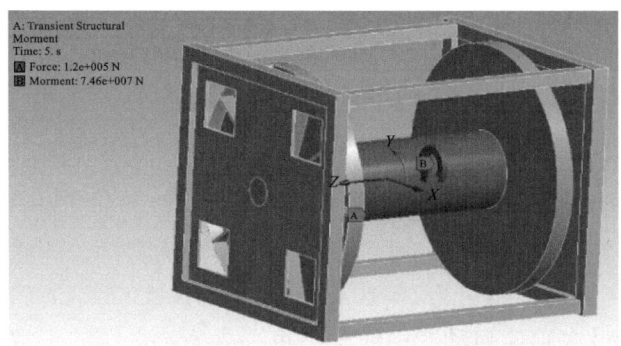

图 2.28　储缆绞车受力图

对于储缆绞车，在初始启动时的振动在不同转速下的应力变化规律与牵引绞车有很大的不同。如图 2.29 所示，在储缆绞车初始启动阶段，其不稳定振动更为明显，会产生一个冲击效应。当转速为 2.75 rad/s 和 5.5 rad/s 时，冲击效应所导致的最大应力值约为 320 MPa，接近绞车材料 Q355 钢的屈服应力。因此，在储缆绞车运行的初始阶段不宜采用过高转速。当达到稳定状态后，储缆绞车的应力变化规律与牵引绞车相同，即最大应力变化的峰值与转速大小无关，只与振动周期和转速有关，并且转速越快，振动周期越小，稳定振动历时越短。

5. 仿真结论

本节建立了完整的深海科考船绞车系统模型，并对绞车系统中储缆绞车卷筒与牵引绞车摩擦轮进行了模型简化和受力分析。根据深海科考船绞车系统的实际工况，建

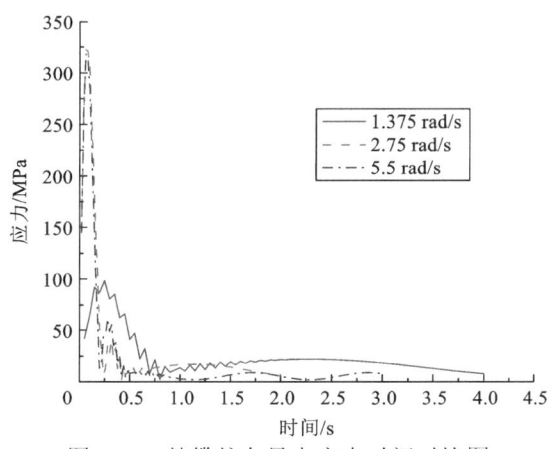

图 2.29 储缆绞车最大应力时间对比图

立了牵引绞车和储缆绞车的刚柔耦合模型。在不同转速运行时,进行了动力学数值仿真分析,得到了运行过程中的应力状态曲线。仿真内容分析了科考船绞车系统正常工作的安全性,为科考船绞车系统的设计、优化及分析提供了理论依据。

2.2 全海深地质绞车系统结构优化

2.2.1 全海深地质绞车系统结构优化方法

全海深地质绞车系统是远洋科考船的基本配置设备,其整体结构的可靠性非常重要。然而在目前的设计工作过程中,由于计算复杂,计算结果误差大,无法得到准确的结果,所以往往通过提高安全系数,才能得到更加安全的结果。于是就造成了目前绞车系统整体重量过重,而往往又有许多结构薄弱的地方存在安全隐患的状况。因此,本节采用有限元辅助设计的方法,结合绞车系统实际工况的动、静负荷,对结构进行合理的优化,能够很好地分析绞车系统的特点和实际运行情况,得到合理的设计结果。

国内外研究学者根据不同的目标对科考船绞车系统进行不同的优化[2-4]。在绞车系统关键部件滚筒的优化方面,对绞车滚筒强度、刚度、静力分析等方面进行了研究,并出现了许多相对应的优化处理方法,比如减少滚筒壁厚等。同时对于绞车的质量,在满足工作状况、刚度、强度的前提下也可进行了最小质量优化设计研究。

1. 轻量化设计优化方法

轻量化设计现阶段主要有以下三种方法。

(1)结构优化,即通过对绞车系统各个部件进行结构的二次设计,使各个部件薄壁化和中空化,并采用 CAD/CAE/CAM 等数字化设计制造方法,达到轻量化目的。

(2)采用先进的制造工艺,例如激光切割、激光拼焊、液压成形等来提高制造精度,实现零部件的轻量化。

（3）采用高强度的轻质材料，如镁、铝及其合金等，通过同等强度但质量较小的材料代替传统材料，达到轻量化目的。

在科考船绞车系统的研究中，主要采用第一种方法即结构优化来研究轻量化设计方法。对于绞车系统的结构优化又可分为尺寸优化、形状优化和拓扑优化，如图 2.30 所示。

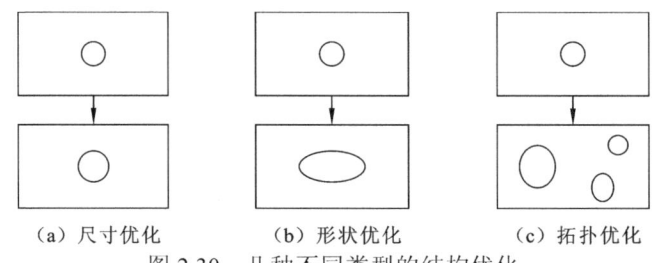

(a) 尺寸优化　　(b) 形状优化　　(c) 拓扑优化

图 2.30　几种不同类型的结构优化

（1）尺寸优化多以结构件外形或者孔洞形状为优化对象，例如由凸点过渡到角的形状等。尺寸优化是对离散尺寸变量的优化，以确定出产品最终的精确尺寸模型；是将可以浮动的尺寸参数化，在设置其浮动范围后，对各尺寸进行排列组合，然后选择最优方案。

（2）形状优化位于尺寸优化的下一阶段，是对局部形状进行优化，以达到降低局部应力和减重的目的。形状优化以材料的外形结构作为优化方向，尽量在减轻重量的情况下使外形美观。

（3）拓扑优化是在给定的材料设计域内，通过改变拓扑结构来确定最佳的产品雏形，本质上是最佳传力路径的确定，在一定的区间范围内对产品材料的布置进行优化。相对于尺寸优化和形状优化，拓扑优化具有更多的设计自由度，能够获得更大的设计空间，是结构优化最具发展前景的一个方面。

目前在优化方法的应用及其扩展研究中，大多针对已有几何结构进行拓扑优化分析，随后在拓扑优化分析基础上结合设计经验，修正获得较为规整的几何结构，并实现优化目标。通过比较多种优化方案后，最终确定最优方案。从以上分析可以看出，拓扑优化+参数修正的组合优化方法是比较完整的优化流程和手段。

拓扑优化是一种根据给定的载荷状况、约束条件及相关参数等条件，在一定区间范围内对材料分布进行优化的数学方法。拓扑优化又分为连续体拓扑优化方法和离散结构拓扑优化方法。连续体拓扑优化方法主要有均匀化法、变密度法、渐进结构优化（evolutionary structural optimization，ESO）法、水平集法、可变形孔洞（moving morphable void，MMV）法等。其中变密度法是在均匀化法基础上发展起来的，它将连续体离散为有限元模型，以结构单元的相对密度为设计变量，并人为地假定单元的密度与材料的宏观物理属性之间有某种函数关系。离散结构拓扑优化主要是在结构单元基础上采用不同的优化策略（算法）进行求解。

依据拓扑优化建模思想用有限元方法对结构进行离散，将这种材料单元的密度设置为[0，1]的连续变量。最终变密度法的数学模型可表示为如下形式：

$$\text{Find}: \boldsymbol{a} = \{a_1, a_2, a_3, \cdots, a_n\}^T \in \Omega$$
$$\text{Minimize}: C(x) = \boldsymbol{F}^T \boldsymbol{U}$$
$$\text{Subject to}: V' \leqslant FV$$
$$\boldsymbol{F} = \boldsymbol{K}\boldsymbol{U}$$
$$0 < a_{\min} \leqslant a_i \leqslant 1 \quad (i = 1,2,3,\cdots,n)$$

式中：a_i 为单元相对密度，取值为 $[a_{\min}, 1]$ 的任意值，为了避免出现奇异总刚度矩阵，通常取 0.001；$C(x)$ 为目标函数，代表结构的柔顺度；$\boldsymbol{F}$ 为结构所受外力向量；n 为设计变量个数；$\boldsymbol{U}$ 为结构位移向量；V 为结构体积；V' 为优化后体积的上限值；$\boldsymbol{K}$ 为总刚度矩阵。

2. 原模型有限元静力分析

采用有限元分析软件对牵引绞车摩擦轮、储缆绞车机架及牵引绞车机架进行静力分析，得到其变形云图和应力云图，如图 2.31～图 2.36 所示。

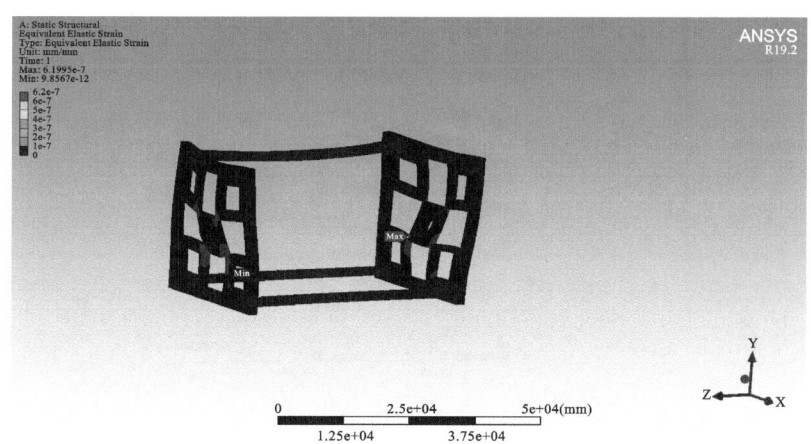

图 2.31 储缆绞车机架变形云图

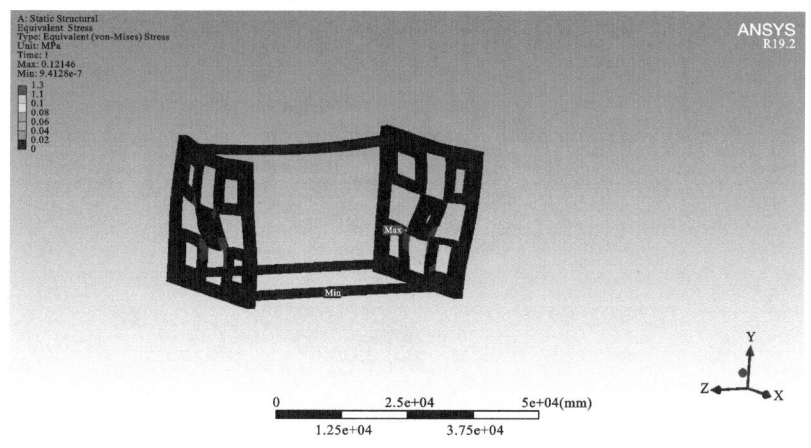

图 2.32 储缆绞车机架应力云图

图 2.33　牵引绞车摩擦轮变形云图

图 2.34　牵引绞车摩擦轮应力云图

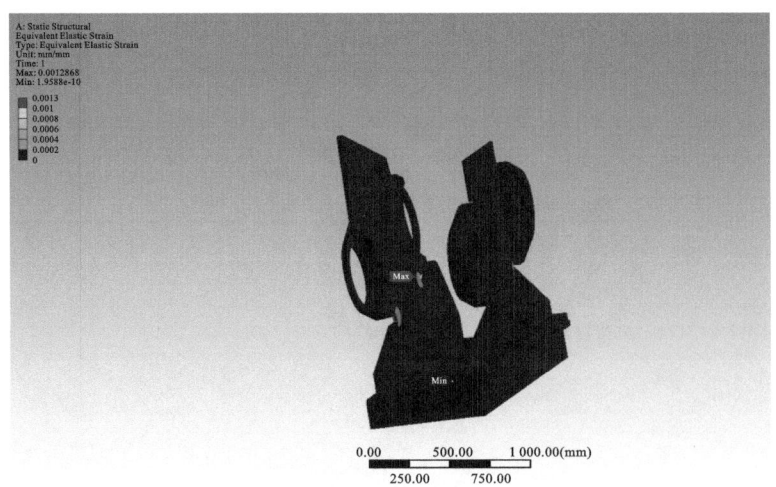

图 2.35　牵引绞车机架变形云图

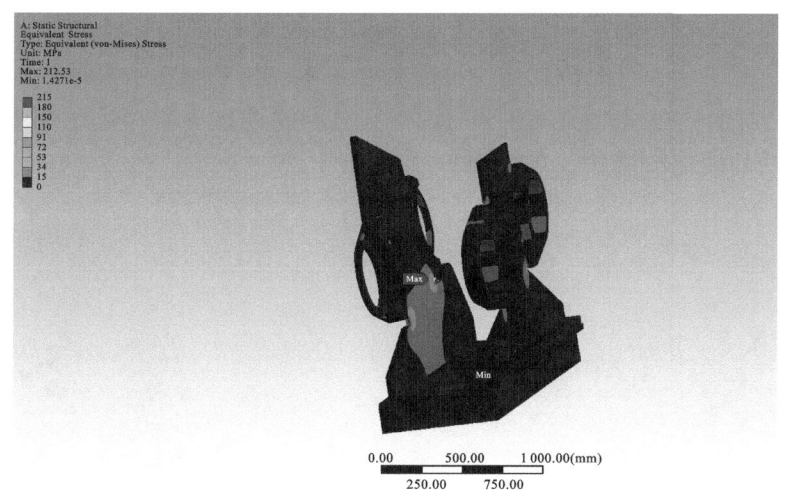

图 2.36　牵引绞车机架应力云图

通过有限元分析可看出，理论或经验设计的牵引绞车摩擦轮、储缆绞车机架和牵引绞车机架的最大应力远远小于材料的许用强度，有较大的余量，所以有很大的空间进行优化。

全海深地质取样绞车是用于地质取样仪器的吊放和回收的工具，是深海矿产资源勘探和开发过程中不可缺少的关键性重大设备。目前我国生产的地质取样绞车缆绳主要是钢缆，靠单卷筒或双卷筒完成缆绳牵引和储缆的工作。由于取样仪器和缆绳的自重会作用到缆绳上，缆绳的顶端张力可以达到几十吨。缆绳在卷筒上缠绕过程中其张力会作用到缆绳自身上；而且缆绳在每层的过渡处弯拉半径很小，特别是单筒直拉在非常大的张力下可能会损坏；此外，上层缆绳可能会进入下一层缆绳中，使缆绳间产生很大的摩擦力，不仅缩短了缆绳的寿命，而且会造成排缆混乱，降低工作效率。

针对传统缆绳自重过大、绞车超大容量收放的问题，采用小比重、高强度合成纤维缆，研究合成纤维缆复杂载荷下的力学特性，实现绞车系统工作载荷最大化。合成纤维缆的湿重接近海水自重，能够大幅度降低作用在绞车上的张力。且合成纤维缆具有较强的力学性能，如张力、韧性和强度等，因此合成纤维缆相比传统钢质缆绳有着明显的优势。研发的地质取样绞车具有最大工作水深 11 000 m、绞车安全工作载荷≥20 t、容绳量≥13 000 m 的优越性能。

3. 主要受力部件结构优化

通过 ANSYS 软件建立零部件实体模型，并且导入有限元分析模块中，定义材料，加载外部载荷和定义约束。对零部件进行优化是当今机械设计中一种很实用的方法，这种方法可以模拟零部件实际工作情况下所受的应力和位移情况，在设计的初始阶段就发现设计得不合理的地方，从而进行有效并且迅速的改正，并且能够对零部件的结构加以优化，大大提高设计的效率，节省设计环节上的时间、人力、物力等。

根据有限元分析可得，在支持负载的情况下，牵引绞车摩擦轮和储缆绞车机架的最大应力远远小于许用强度。这就说明卷筒整体的结构过于庞大，材料使用过于保守，虽然在其他工况下的应力和位移情况可能会有所不同，但是会有一定的参考作用。因此，需要通过防止应力集中来改进设计。将储缆绞车机架和牵引绞车摩擦轮进行减重处理，改进后的简化模型如图 2.37 和图 2.38 所示。

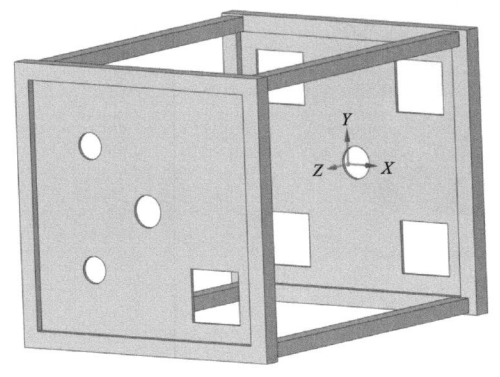 

图 2.37　储缆绞车机架改进模型　　　　图 2.38　牵引绞车摩擦轮改进模型

采用有限元分析软件对牵引绞车摩擦轮及储缆绞车机架进行静力分析，将简化后的模型导入 ANSYS 中，得到变形云图和应力云图。

将简化后的三维模型以同样的条件导入有限元分析模块中，得到的结果如图 2.39～图 2.42 所示。

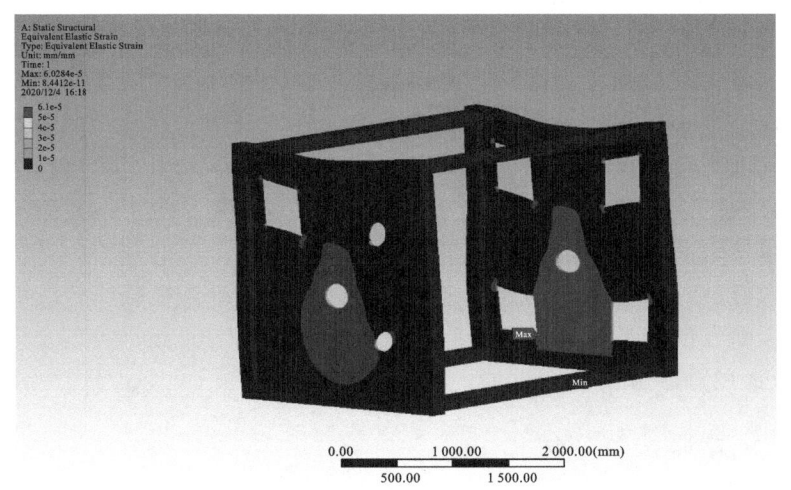

图 2.39　改进后储缆绞车机架变形云图

由图 2.39～图 2.42 可以看出，经过改进的摩擦轮和机架的最大应力值和最大位移值都有所减小，也满足相应材料的许用强度，并且还节省了材料，降低了生产的成本。

在牵引绞车的原方案的基础上，进行轻量化设计，最后方案的整机质量相比于原方案减少了 66%，且最后方案的形状尺寸也有所减小，有利于绞车舱的布置。

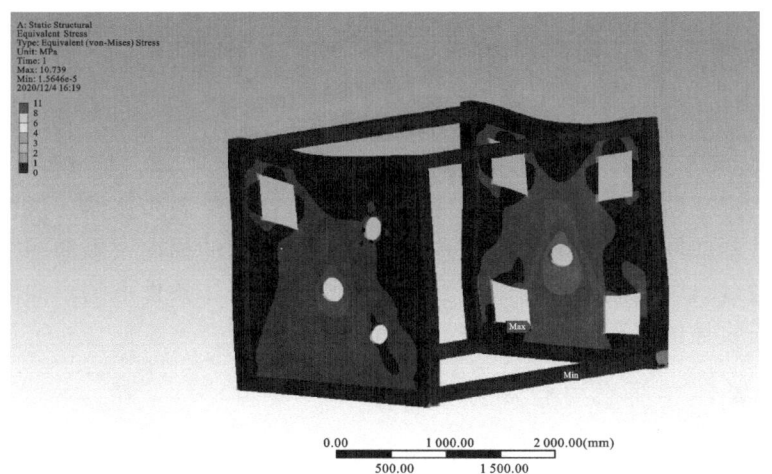

图 2.40　改进后储缆绞车机架应力云图

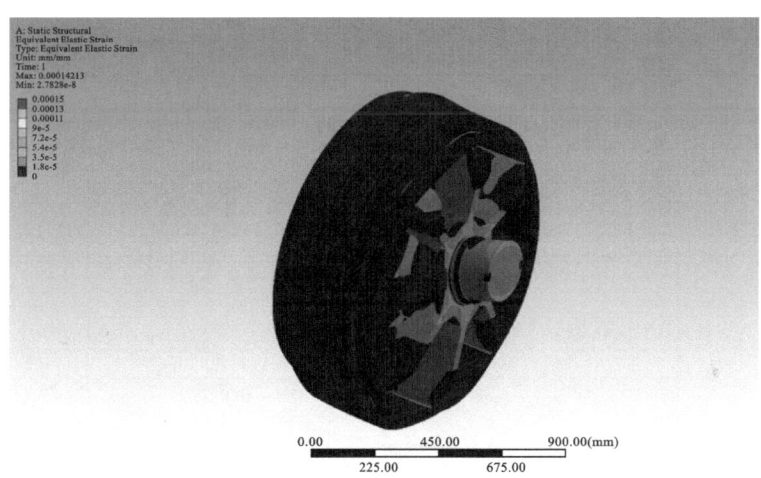

图 2.41　改进后牵引绞车摩擦轮变形云图

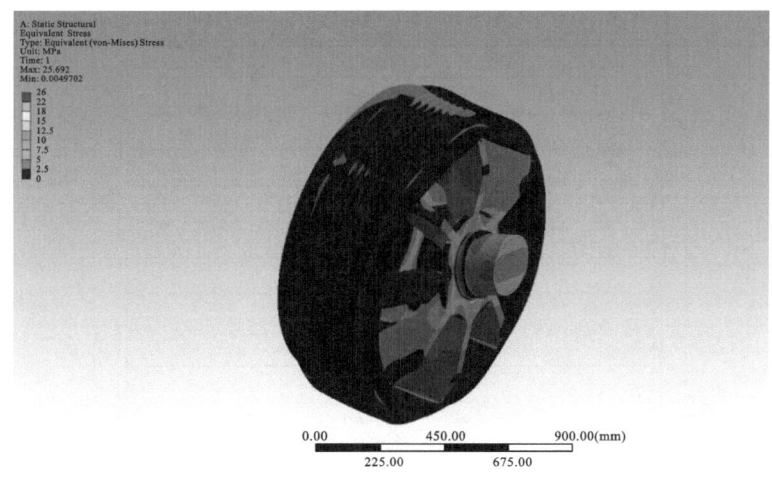

图 2.42　改进后牵引绞车摩擦轮应力云图

2.2.2 储缆绞车卷筒应力检测

1. 应力检测传感器系统

应力检测传感器系统主要由应变片、数据采集仪器、同步仪器、供电单元及数据处理接收服务器共同组成。双轴应变片对机械结构表面的横向及纵向应变进行测量及数据收集,经过后续数据处理后,得到机械结构在各工作条件下的表面应力信息,利用实验方法对设计的绞车结构进行验证分析。

2. 储缆绞车卷筒应力检测方案

对储缆卷筒进行内部应力检测时,以简易"四点检测法"为例,卷筒中部呈 90°分布 4 点,卷筒上每个点安装 2 个应变片,应变片安装位置示意图如图 2.43 和图 2.44 所示;应变片实际安装及表面防护如图 2.45 所示。法兰端面呈 90°分布 4 点,法兰端面每个点安装 2 个应变片,另外,在法兰端面上安装数据传输装置,如图 2.46 所示。应力检测装置用于检测负载状态下卷筒的结构强度和刚性。

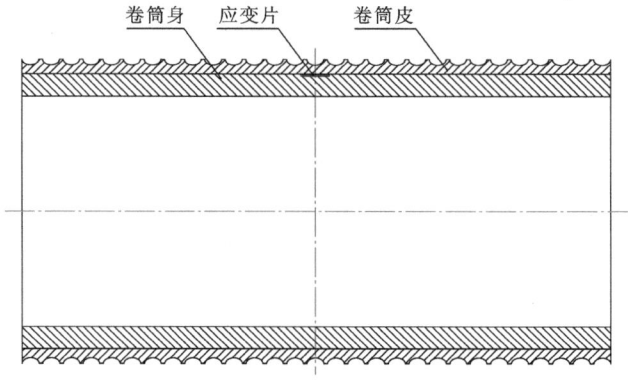

图 2.43 应变片安装位置示意图

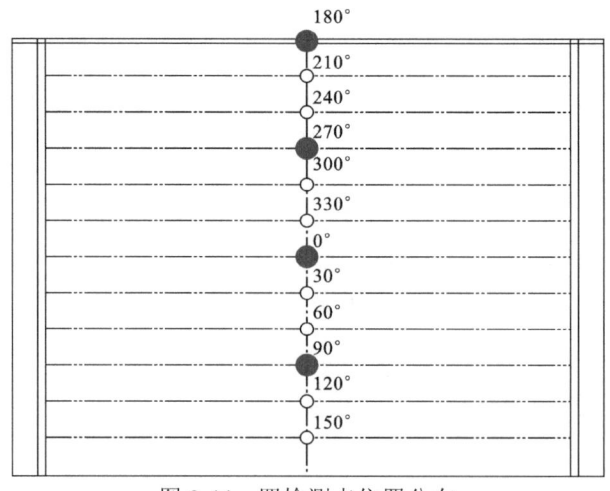

图 2.44 四检测点位置分布

图 2.45　卷筒内部应变片安装与防护

图 2.46　法兰处应变片与数据传输装置

2.2.3　科考船绞车系统缆绳检测

1. 缆绳变形检测

由于海洋工程中所需要的缆绳长度日趋增加,海洋工程装备上以缆绳的多层缠绕型绞车卷筒为主要趋势。在其多层缠绕过程中,由于缆绳的张力及挤压力,缠绕于绞车卷筒上的缆绳形状也同样会发生变化。采用 3 台激光轮廓扫描仪环形拼接测量缆绳的变形,可以实时生成缆绳的截面轮廓,如图 2.47 所示。激光测得的缆绳实际形变效果图如图 2.48 所示。通过使用光学测量工具,得到科考船绞车收放缆过程中的缆绳形状变化,从而针对合成纤维缆绳与缆槽耦合状态进行分析及优化。

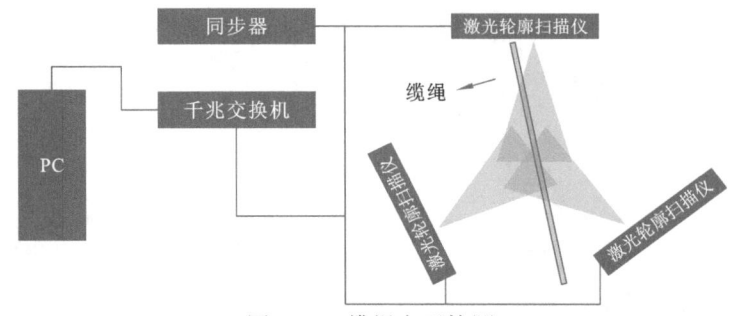

图 2.47 缆绳变形检测

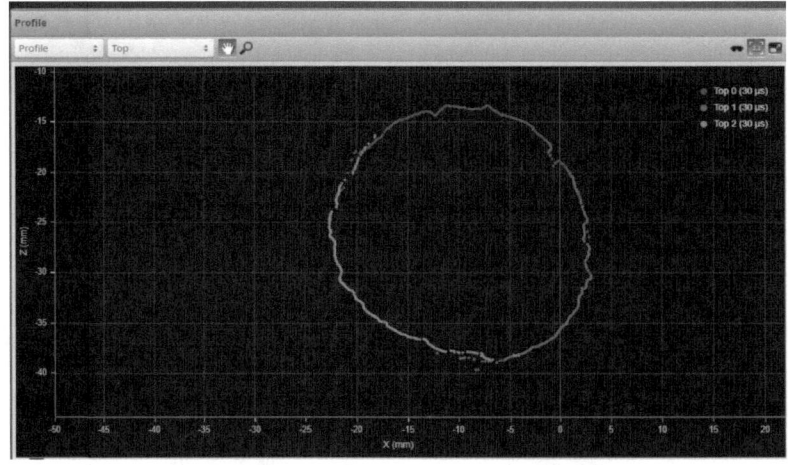

图 2.48 缆绳变形测量图像

缆绳变形检测可得到缆绳的外形变化，通过测量缆绳的外形可以实时生成缆绳的截面轮廓。由三台激光轮廓扫描仪（图 2.49）激光扫描形成的信号传入电脑端，在专

图 2.49 环形排布的激光轮廓扫描仪

用软件的接收下，拼接成缆绳实时变形横截面轮廓图。在实际应用过程中，缆绳的横截面变化近似呈椭圆形，其轮廓变形信息可以根据测得的图形进行统计。图 2.50 所示即为经过处理后得到的缆绳形变信息。

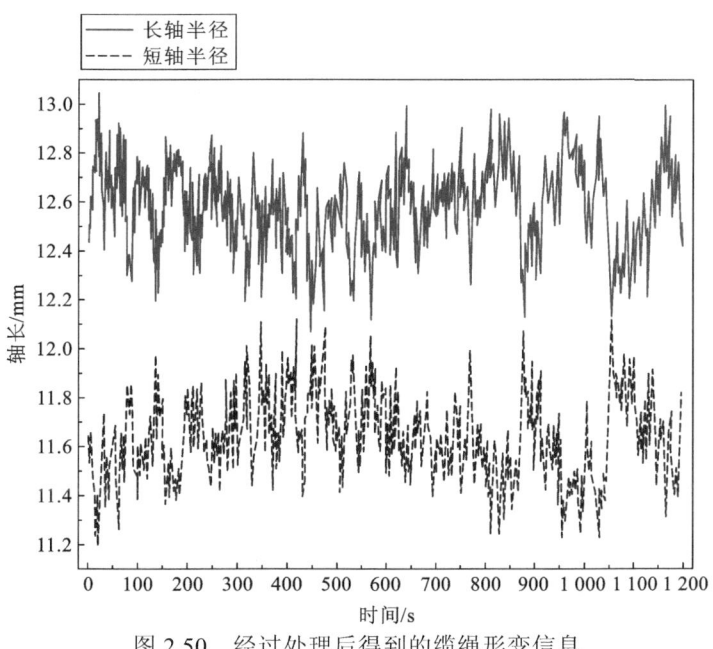

图 2.50　经过处理后得到的缆绳形变信息

2. 缆绳排缆检测

在搭建的科考船绞车系统的测试平台上，应用激光轮廓扫描仪系统，得到合成纤维缆绳在储缆绞车卷筒上的排缆状况图像信息，以此信息结合应力检测传感器中的应力信息，与计算模型进行对比分析，得到缆-储缆绞车耦合关系。研究多缠绕层数、缆绳张力及压力对储缆绞车卷筒及储缆绞车法兰的力的作用。本方案采用一台激光轮廓扫描仪测量缆绳在卷筒上的缠绕情况，方案示意图如图 2.51 所示，其在工程中的实际应用如图 2.52 所示，图中显示的是一台工作中的激光轮廓扫描仪。激光轮廓扫描仪可实时生成缆绳在卷筒上的轮廓分布图，如图 2.53 所示。

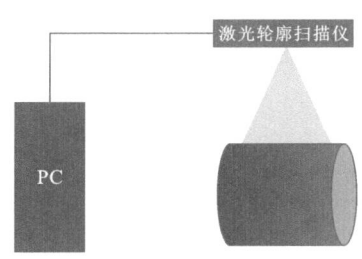

图 2.51　缆绳分布检测示意图

图 2.52 监测缆绳排布的激光轮廓扫描仪

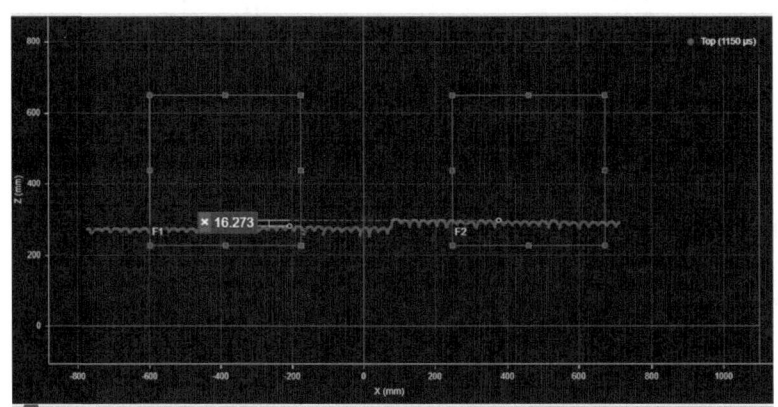

图 2.53 缆绳在卷筒上的轮廓分布实时检测

第 3 章

科考船绞车系统减张力技术

本章围绕科考船绞车系统中大载荷牵引绞车减张力技术进行论述，包括科考船绞车系统大载荷牵引绞车结构、减张力技术工作原理、基于合成纤维缆绳的绞车减张力设计要点、减张力技术牵引绞车卷筒缆槽修正加工计算方法，以及减张力技术在采用合成纤维缆的全海深地质绞车系统中的应用。

3.1 牵引绞车主要结构

科考船绞车系统的减张力技术，通常采用大载荷减张力牵引绞车来实现。牵引绞车采用减张力技术进行设计，摩擦式牵引绞车主要由机架、卷筒、防跳绳装置、电动机等组成，如图 3.1 所示。

（a）牵引绞车模型　　　　　　　　（b）Sikuliaq 科考船上的牵引绞车

图 3.1　科考船上的牵引绞车

缆绳螺旋状多道穿绕在前后主动摩擦轮和从动摩擦轮上，且同向旋转。牵引端为负载拉力，储缆端是储缆绞车为主动摩擦轮提供足够摩擦力而施加的拖曳力，如图 3.2 所示。

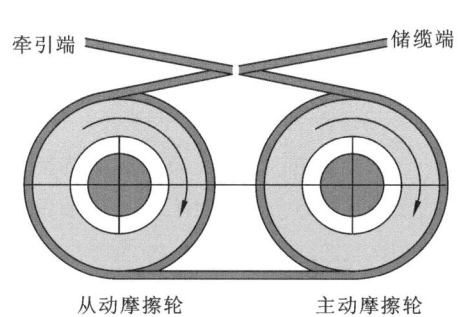 

（a）牵引绞车主动摩擦轮和从动摩擦轮模型　　（b）牵引绞车主动摩擦轮和从动摩擦轮实物

图 3.2　牵引绞车主动摩擦轮和从动摩擦轮模型及实物

牵引绞车减张力装置的工作原理是利用缆绳与摩擦轮之间力的传递关系，通过它们之间产生的摩擦力来克服缆绳的张力。经过主动摩擦轮和从动摩擦轮的几级摩擦之后，从动摩擦轮出缆张力保持在一个较小的范围内，这样就能保证缆绳在绞车卷筒排缆时的准确性和安全可靠性。

储缆绞车在收缆过程中，缆绳通过导缆机构进入减张力装置，首先进入主动摩擦轮，其所受到的张力主要由水下设备和缆绳的重量及上升时所受到的阻力产生。然后电动机通过减速器和驱动轴带动摩擦轮与缠绕在滑轮上的缆绳一起运动，其中缆绳与摩擦轮之间做无滑动摩擦的运动，通过它们之间力的变化关系，就可以改变缆绳张力的大小，保证出缆时有一个减小的张力，从而使主动摩擦轮只起到引导换向的作用，以保证缆绳能够顺利进入从动摩擦轮。这样，通过几级摩擦轮摩擦克服缆绳张力后，以一个较小范围的张力进入张力传感器，检测张力的大小是否达到预期的要求范围，最终实现缆绳在储缆绞车上的整齐排缆。

3.2 减张力技术工作原理

3.2.1 理论模型

为简化受力分析计算，对牵引绞车受力情况做如下简化。
（1）将缆绳简化为柔体；将摩擦轮简化为理想摩擦刚体，不会发生变形。
（2）卷筒以稳定的速度转动，缆绳也以相同的速度进行缠绕转动。
（3）将缆绳与卷筒接触压力简化为均匀分布的力。
（4）不考虑出现有害磨损和传动造成的效率损失，以及其带来的运动机构的效率损失。

3.2.2 缆绳张力分析

减张力技术，其实质是利用缆绳与牵引绞车摩擦轮之间的摩擦力将缆绳中承载的较大张力释放，从而达到降低缆绳张力的目的[5]。缆绳通过几级摩擦之后，缆绳张力可降低至一个合理的水平。牵引器的工作原理如图3.3所示[6-7]，缆绳缠绕在摩擦轮上，缆绳在摩擦轮上总的包角为 α，牵引端受力 F_1，通往储缆绞车受力 F_2，f 为缆绳与牵引轮之间的摩擦力，取一小段包角为 $d\alpha$ 的缆绳进行受力分析，由力平衡条件计算得到两端缆绳张力之差即为摩擦力，$F_1-F_2=f$。当 $d\alpha$ 无穷小时，dN 为缆绳所受压力，方向沿滑轮直径方向。

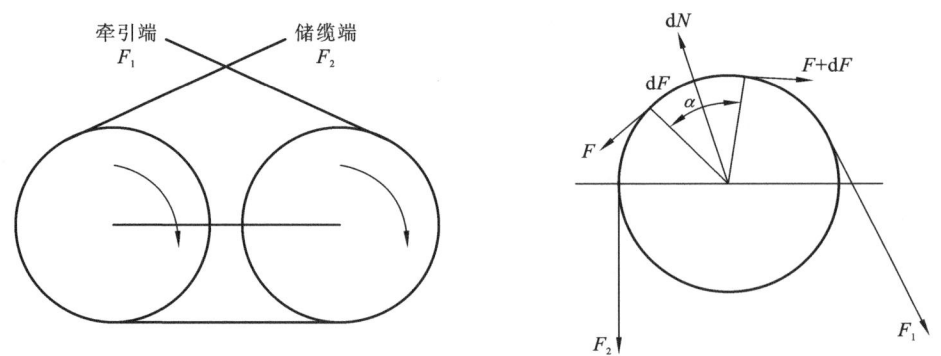

图 3.3 牵引绞车受力原理示意图

根据摩擦力与压力之间的关系

$$df = \mu dN \tag{3.1}$$

式中：μ 为缆绳与驱动轮之间的摩擦系数。

且在小段包角 $d\alpha$ 范围内，缆绳所受压力与缆绳张力之间的关系可表示为

$$dN = (F + dF)\sin\left(\frac{d\alpha}{2}\right) + F\sin\left(\frac{d\alpha}{2}\right) \tag{3.2}$$

当 $d\alpha$ 无穷小时，$dF = f$，即

$$dN = 2F \cdot \sin\left(\frac{d\alpha}{2}\right) + dF \cdot \sin\left(\frac{d\alpha}{2}\right) \tag{3.3}$$

当 $d\alpha$ 趋近于 0 时，有

$$\sin\left(\frac{d\alpha}{2}\right) = \frac{d\alpha}{2}$$

即

$$dN \approx Fd\alpha \tag{3.4}$$

$$df = \mu dN = \mu F d\alpha \tag{3.5}$$

即

$$\frac{dF}{F} = \mu d\alpha \tag{3.6}$$

对式（3.6）积分得

$$F_1 = F_2 e^{\mu\alpha} \tag{3.7}$$

即

$$\frac{F_1}{F_2} = e^{\mu\alpha} \tag{3.8}$$

由式（3.8）可知，牵引绞车摩擦轮上缆绳两端的受力之比，仅仅与摩擦系数及缆绳在摩擦轮上的包角有关，与牵引绞车摩擦轮的直径无关。假定缆绳减张力比例为 10%，摩擦系数按 0.10 计算，即 $10 = e^{\mu\alpha}$，所需包角为 23.03 rad 或 23.03/6.28 = 3.67 圈，即两个牵引绞车摩擦轮上最少各缠绕 4 次缆绳，即可将缆绳张力减至 10%。

3.3 基于合成纤维缆绳的绞车减张力设计

目前高分子量聚乙烯（high modulus polyethylene，HMPE）缆在海洋调查船上已广泛应用，并有逐步实现替代钢缆的趋势。合成纤维缆的优点是重量轻，此特性使缆绳更容易操作且极易降低绳端的拉力。相对于钢缆来说，合成纤维缆更适用于深水科考工程。

在科考船绞车系统设计中，更大的负载、更长的使用寿命是最核心的目标。在绞车系统中应尽量保持更大的缆绳最小弯曲直径，处理更大的负载，以获得最佳性能，延长缆绳寿命。合成纤维缆绞车系统的设计，应与合成纤维缆的使用特性紧密结合，缆绳在绞车系统中的张力水平、实际弯曲半径、收放过程中缆绳弯曲次数及缆槽的设

计等直接影响合成纤维缆的使用性能和使用寿命。

因此，合成纤维绞车系统应紧紧围绕如何在额定拉力工况下，降低缆绳张力，提高缆绳实际弯曲半径，减小缆绳弯曲次数，减小缆绳磨损等几个方面来进行优化设计，从而有效发挥缆绳强度，改善缆绳使用性能和寿命。根据绞车系统设计的核心目标，提出以下设计要点。

1. 采用组合绞车（牵引绞车+储缆绞车）结构

目前，深海科考绞车在结构上主要有两种：直拉绞车及组合绞车（牵引绞车+储缆绞车）。直拉绞车采用储缆卷筒作为牵引机构牵引缆绳，缆绳回收后直接缠绕在储缆卷筒上，绞车整体结构简单，设计紧凑。由于是储缆卷筒直接牵引缆绳，绞车动态响应性能优良，但缆绳在回收过程中直接缠绕在储缆卷筒上，缆绳中的张力无法释放，收缆过程中缆绳是带着张力卷在储缆卷筒上。一方面，缆绳张力始终维持在较高水平，合成缆绳的蠕变特性会影响缆绳寿命；另一方面，过大的缆绳张力会将上一层的缆绳嵌入下层缆绳的缝隙，造成咬缆现象，且深海科考绞车缆绳普遍较长，不利于排缆，缆绳的错位挤压会造成磨损，影响缆绳的使用寿命。

组合绞车由牵引绞车、排缆器、储缆绞车、导向滑轮等组成，采用独立的牵引绞车缆绳。缆绳在牵引绞车摩擦轮上以单层形式进行多圈缠绕，通过摩擦作用吸收缆绳负荷，可在缆绳离开牵引绞车至储缆绞车时将缆绳张力降低到较低水平。相比于直拉绞车，组合绞车可有效降低储缆绞车上缆绳的张力水平，将张力维持在一个较低的水平上，减小缆绳蠕变的影响。同时，缆绳张力降低可有效改善排缆过程中的咬缆现象和由缆绳错位挤压造成的磨损现象。故深海科考绞车一般采用组合绞车系统设计。

2. 降低缆绳张力

根据合成纤维缆的使用特性，纤维缆在高负载时蠕变寿命明显下降，因此，降低缆绳张力可有效延长合成纤维缆的使用寿命。科考绞车系统中主要采用减张力技术降低缆绳张力。

3. 选择合适的弯曲半径

合成纤维缆生产厂家常常会根据纤维缆特性要求设计最小弯曲直径，科考船绞车系统设计中应尽可能满足最小弯曲半径的要求。

4. 减少缆绳弯曲次数

合成纤维缆弯曲疲劳主要与缆绳弯曲直径比 D/d、缆绳张力水平及弯曲次数有关。

缆绳在组合绞车系统中需要通过牵引绞车摩擦轮、导向滑轮、排缆器及储缆绞车，过程中会发生多次弯曲。缆绳的弯曲次数直接影响缆绳的弯曲疲劳寿命。可从以下两个方面优化绞车系统设计。一方面是优化系统布置，降低滑轮数量，避免无谓的转弯。图3.4为典型的组合绞车系统典型结构图，以此为例计算整个绞车系统缆绳弯曲次数，评估弯曲次数实际影响。缆绳由排缆器至牵引绞车弯曲次数为 8 次（牵引绞车以 4 次计），若实际布置中增加两个转向滑轮，则弯曲次数增加 25%，受弯曲疲劳影响，预期寿命降低 25%。另一方面是优化牵引卷筒上缆绳缠绕次数。牵引卷筒通过摩擦力降低缆绳张力水平，缆绳在牵引卷筒上的缠绕次数则由缆绳包角决定。根据减张力技术的工作原理，牵引绞车张力减小比例仅仅与缆绳的包角及摩擦系数有关。假定缆绳减张力比例为 10%，摩擦系数按 0.10 计算，即 $10=e^{0.1\alpha}$，所需包角为 23.03 rad 或 23.03/6.28＝3.67 圈。当缆槽与缆绳的摩擦系数为 0.15 时，所需包角为 15.35 rad 或 15.35/6.28＝2.44 圈，即两个牵引卷筒上最少各缠绕 3 次缆绳。可以看出，摩擦系数直接影响缆绳缠绕圈数，即缆绳弯曲次数。故在缆槽的选择中，理论上应选择较高摩擦系数的缆槽材料。但在实际应用中考虑高摩擦系数缆槽会增加缆绳及缆槽磨损，且高模量合成纤维缆摩擦系数小，设计中常常优先考虑缆槽材质，而摩擦系数调整裕度较小。

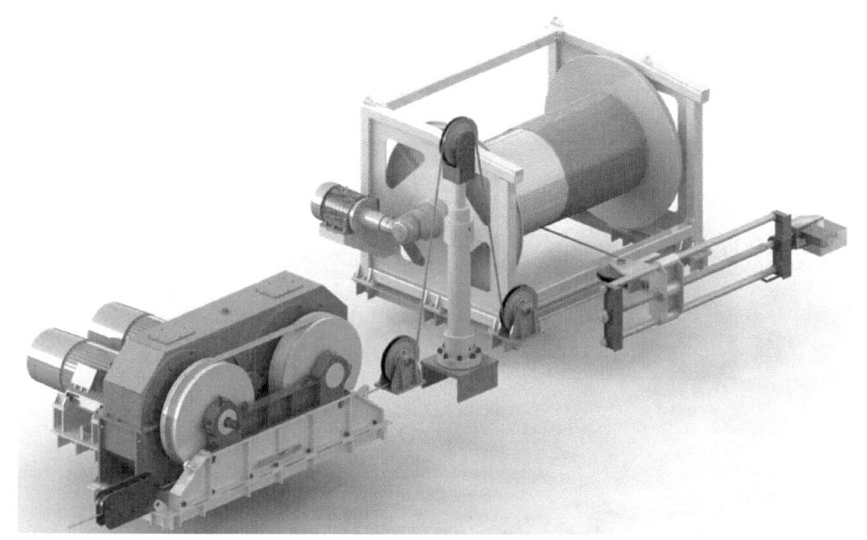

图 3.4　典型组合绞车系统结构图

5. 降低缆绳磨损

合成纤维缆的磨损主要分为表面磨损和内部磨损。表面磨损主要是机械损伤，在此暂不提及。绞车系统中采用牵引绞车摩擦轮倾斜设计，可改善缆绳内部磨损情况。为了使缆绳在牵引绞车两个摩擦轮上平顺运行，牵引绞车摩擦轮上的缆槽如果仅仅是简单地偏移缆径的一半，会造成缆绳的磨损，缆绳看似在卷筒间平滑过渡，实际上缆绳在离开卷筒时会发生突然的偏移、扭转等情况。因此，应使两个牵引卷筒相互倾斜，每个卷筒的位置都便于在两个卷筒缆槽之间顺利传递缆绳，这种相对定位消除了缆绳的偏移和扭转。图 3.5 所示为滚轮缆槽模型及实物图。合成纤维缆具有较高的轴向拉伸强度，但轴向压缩强度却低很多，故在缆槽设计时，应采用圆形缆槽。V 形槽或改进的 V 形槽虽然会增加摩擦系数，但会导致合成缆绳截面变形，增加缆绳内磨损。

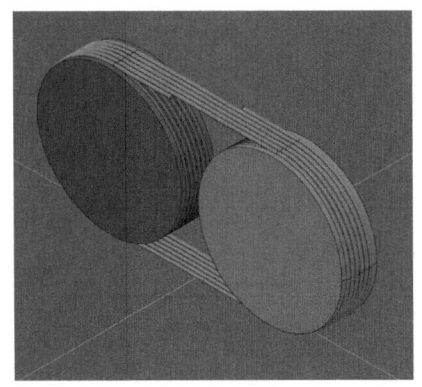
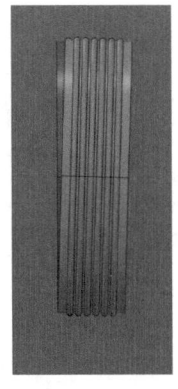
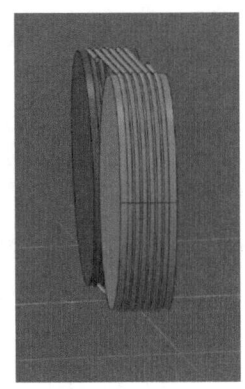

（a）滚轮缆槽模型

（b）滚轮缆槽实物

图 3.5 滚轮缆槽模型及实物

3.4 减张力卷筒缆槽加工修正

假设牵引绞车摩擦轮按照缠绕 5 圈缆绳计算，缆绳与卷筒摩擦系数取 $\mu = 0.1$，每圈包角 $\alpha = 2\pi = 6.28$，即

$$\frac{F_1}{F_2} = e^{\mu\alpha} = 1.87 \tag{3.9}$$

表示每圈缆绳减小张力 1.87 倍。如果牵引端受力 $F_1 = 200$ kN，则 5 圈后储缆端张力则为 $F_2 = 8.7$ kN。

由于缆绳拉力按欧拉公式递减状态分布，为保证卷筒缆槽与缆绳紧密贴合，缆槽底径必须精确计算，并严格按设计要求加工制作。卷筒底径必须逐级减小，使缆绳逐级有所松弛，这个松弛的量即缆绳的绝对变形。其伸长量按胡克定律公式计算：

$$\Delta L = \frac{FL}{ES} \tag{3.10}$$

式中：F 为缆绳张力；L 为缆绳原长（近似为卷筒中心距）；E 为缆绳弹性模量；S 为缆绳横截面积。

算例：200 kN 全海深地质绞车使用 ϕ26 mm 超高分子聚乙烯缆，缆绳弹性模量 $E=107\ 000$，分别计算每圈缆的变形量。

第 1 圈：$\Delta L_1 = (F_1 L)/(ES) = (106\ 951 \times 1\ 270)/(107\ 000 \times 530) = 2.40$ mm；

第 2 圈：$\Delta L_2 = (F_2 L)/(ES) = (57\ 193 \times 1\ 270)/(107\ 000 \times 530) = 1.28$ mm；

第 3 圈：$\Delta L_3 = (F_3 L)/(ES) = (30\ 584 \times 1\ 270)/(107\ 000 \times 530) = 0.68$ mm；

第 4 圈：$\Delta L_4 = (F_4 L)/(ES) = (16\ 355 \times 1\ 270)/(107\ 000 \times 530) = 0.36$ mm；

第 5 圈：$\Delta L_5 = (F_5 L)/(ES) = (8\ 745 \times 1\ 270)/(107\ 000 \times 530) = 0.19$ mm。

从上述计算可以看出，缆绳每圈张力不等，每道松驰量也必然不等，按底径与周长关系逐一计算修正卷筒绳槽。设计主牵引绞车卷筒底径 $\phi 1\ 140$ mm，按式 $d_n = (\pi d_n - \Delta L_n)/\pi$ 计算其余几圈缆筒底径，如图 3.6 所示。

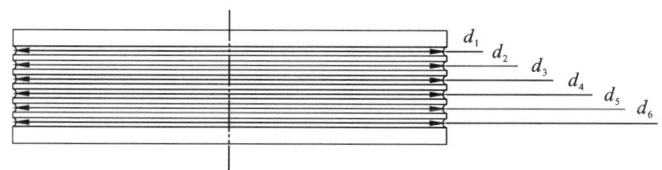

图 3.6　牵引绞车摩擦轮缆槽加工尺寸

第 1 圈缆槽：$d_1 = 1\ 140$ mm；

第 2 圈缆槽：$d_2 = (\pi d_1 - \Delta L_2)/\pi = (1\ 140\pi - 1.28)/\pi = 1\ 139.59$ mm；

第 3 圈缆槽：$d_3 = (\pi d_2 - \Delta L_3)/\pi = (1\ 139.59\pi - 0.68)/\pi = 1\ 139.37$ mm；

第 4 圈缆槽：$d_4 = (\pi d_3 - \Delta L_4)/\pi = (1\ 139.37\pi - 0.36)/\pi = 1\ 139.25$ mm；

第 5 圈缆槽：$d_5 = (\pi d_4 - \Delta L_5)/\pi = (1\ 139.25\pi - 0.19)/\pi = 1\ 139.19$ mm。

上述计算结果尽管偏差很小，但不可忽略。只有通过牵引绞车摩擦轮每圈绳松驰量计算，精确设计缆槽直径，才能确保牵引绞车载荷减张力技术的实现和绞车系统的稳定、安全、可靠运行。

第 4 章

科考船绞车系统自动排缆技术

全海深地质绞车系统是一套集牵引绞车、松弛补偿器、排缆系统及储缆卷筒的综合系统，而排缆系统是全海深地质绞车的关键部件，是保证全海深地质绞车正常工作的关键部件之一。排缆系统的主要作用就是将回收的缆绳在储缆卷筒上进行整齐而均匀的放置，即排缆系统的往复直线运动和储缆卷筒的旋转运动处于同步状态，保证缆绳不发生松缆、乱缆等不良现象。本章首先对排缆器的丝杠、丝杠支撑轴承、伺服电机及伺服减速机、支座及导向轴、行走机构等进行结构设计，进而完成行走机构及排缆器的总体设计；再进一步对排缆器进行简化，基于简化模型对排缆器进行 ANSYS-Workbench 有限元分析，验证排缆器关键部件的静态结构强度；同时，对排缆器模态进行分析，获得排缆器的前六阶固有模态，并建立排缆器系统的动力学模型；最后介绍折线槽的结构与设计，为全海深地质绞车系统的控制系统提供理论基础。

4.1 自动排缆器总体结构设计

针对全海深地质绞车排缆系统的特殊使用环境，选择由伺服电动机驱动的单向丝杠排缆机构。排缆器由单向丝杠、导向轴、支座、伺服电机、减速机及行走机构组成，行走机构包括往复座、螺母、滑轮、滑轮支座及销轴。

4.1.1 丝杠的设计

1. 丝杠螺纹设计

1）材料的选择

丝杆应该由具有足够的强度、耐磨性及良好加工性能的材料加工而成。选择 45 钢作为丝杠的材料，与丝杠配套的螺母材料选用铸造锡青铜 ZQSn10-1，其硬度高、耐磨性极好、耐腐蚀、有极佳的铸造性能和切削加工性能。

2）螺纹牙形选择

丝杠传动可将螺旋运动转变为直线运动。根据螺纹的不同常将丝杠传动螺纹分为梯形螺纹、锯齿形螺纹、矩形螺纹、圆螺纹及三角形螺纹。各种类型的丝杠传动螺纹的特点及应用对比见表 4.1。

表 4.1 丝杠传动螺纹特点及应用对比

类型	特点	应用
梯形螺纹	强度高、工艺性好、对中性高	传力及传动场合
锯齿形螺纹	应力集中较小、便于对中、动载强度高	单向受力场合
矩形螺纹	制造困难、效率高、对中性低、磨损难修复	传力及传动场合
圆螺纹	螺纹强度高、对污染和腐蚀的敏感性小	受冲击和变载荷的场合
三角形螺纹	自锁性好、效率低	小螺距的高强度调整螺旋

该全海深地质绞车系统要求系统受力较大，适合选用牙型角 30°的梯形螺纹。

3）参数设计

长度：储缆卷筒长 2 000 mm，丝杠之上需要安装行走机构，丝杠还需安装在支座上，暂取丝杠总长 3 500 mm。

丝杠中径：丝杠选用 45 钢，螺母选用铸造锡青铜 ZQSn10-1，丝杠中径可由式（4.1）计算：

$$d_2 = 0.8\sqrt{\frac{F}{\phi P_\mathrm{P}}} \tag{4.1}$$

式中：F 为轴向载荷，N，按照缆绳受力最大载荷 1.5 计算；整体式螺母直径 $\phi=1.2\sim 2.5$，取 $\phi=1.5$；P_P 为许用压强，MPa。

根据该全海深地质绞车系统要求，系统的收放速度为 0～120 m/min，容绳量≥13 000 m。按照 13 000 m 的容绳量及最快的收放速度 120 m/min 计算，完全收好缆绳需 108.333 3 min。储缆卷筒收揽层数为 29 层，即排绳器上行走机构需要往复 29 次，每次行程为储缆卷筒的长度 2 000 mm，每次需要 3.735 6 min，则行走机构即螺母的滑动速度为 0.536 m/min。经查电子工业出版社 2007 版本《机械传动设计手册》[8]，考虑全海深地质绞车系统的工作环境，其润滑状况会相对恶劣，选用许用压强 $P_\mathrm{P}=11\sim 18$ MPa，取 $P_\mathrm{P}=15$ MPa。代入式（4.1），得 $d_2=92.386$ mm。

丝杠螺纹外形如图 4.1 所示。根据国标《梯形螺纹 第 2 部分：直径与螺距系列》（GB/T 5796.2—2005），选取第一系列公称直径 $d=100$ mm，螺距优先选取 $P=12$ mm。螺距根据《梯形螺纹 第 1 部分：牙型》（GB/T 5796.1—2005）得到基本 12 牙型牙高 $H_1=6$ mm。因此，丝杠螺纹中径 $d_2=d-H_1=100-6=94$ mm，丝杠螺纹小径 $d_3=d-2H_1=88$ mm。

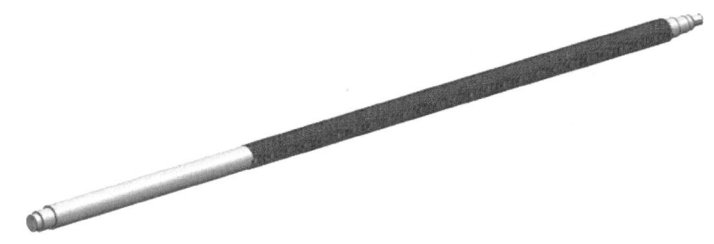

图 4.1 丝杠螺纹外形

螺母高度：
$$H = \Phi d_2 = 1.5 \times 94 = 141\,\mathrm{mm} \tag{4.2}$$

旋合圈数：
$$z = \frac{H}{P} = \frac{141}{12} = 11.75\,\mathrm{mm} \tag{4.3}$$

旋合圈数符合 $z\leqslant 10\sim 12$ 的要求。

螺母内螺纹大径：
$$D = d + 2a_\mathrm{c} = 100 + 2\times 0.5 = 101\,\mathrm{mm} \tag{4.4}$$

式中：a_c 为压顶间隙，根据《梯形螺纹 第 1 部分：牙型》（GB/T 5796.1—2005），查出 $a_\mathrm{c}=0.5$。

2. 螺纹强度校核

1）螺杆剪切强度校核

丝杠螺杆部分剪切强度可表示为

$$\tau = \frac{F}{\pi d_3 b z} \quad (4.5)$$

式中：b 为螺纹牙底宽度，对于梯形螺纹，$b = 0.65P = 0.65 \times 12 = 7.8$ mm。将相关数据代入式（4.5）得 $\tau = \dfrac{F}{\pi d_3 b z} = \dfrac{1.5 \times 5\,000}{\pi \times 88 \times 7.8 \times 11.75} = 0.296 \leqslant \tau_p$。

2）螺杆弯曲强度校核

螺杆的弯曲强度可表示为

$$\sigma_b = \frac{3Fh}{\pi d_3 b^2 z} \quad (4.6)$$

式中：h 为螺纹的工作高度，对于梯形螺纹和矩形螺纹，$h = 0.5P = 0.5 \times 12 = 6$ mm。将相关数据代入式（4.6）得 $\sigma_b = \dfrac{3Fh}{\pi d_3 b^2 z} = \dfrac{3 \times 1.5 \times 5\,000 \times 6}{\pi \times 88 \times 7.8^2 \times 11.75} = 0.69 \leqslant \sigma_{bp}$。

3）当量应力校核

螺杆的当量应力可表示为

$$\sigma = \sqrt{\left(\frac{4F}{\pi d_3^2}\right)^2 + 3\left(\frac{T}{0.2 d_3^3}\right)^2} \quad (4.7)$$

式中：T 为螺纹传递的扭矩。

排缆器丝杠传动需要的力矩 T 可按式（4.8）计算：

$$T = F \frac{d_2}{2} \tan(\varphi + \rho') + \frac{1}{2} F f_1 d_m \quad (4.8)$$

式中：φ 为螺纹升角，按 $\varphi = \arctan\dfrac{L}{\pi d_2}$ 计算，L 为导程，由于是单线螺纹，$L = P = 12$ mm，所以 $\varphi = 2.33°$；ρ' 为当量摩擦角，按 $\rho' = \arctan\dfrac{\mu_s}{\cos\dfrac{\alpha}{2}}$ 计算，μ_s 为螺旋副的滑动摩擦因数，$\mu_s = 0.08$，α 为螺纹顶角，$\alpha = 30°$，所以 $\rho' = 4.73°$；f_1 为螺母支撑面摩擦系数，$f_1 = 0.15$；d_m 为螺母支撑面平均直径，$d_m = \dfrac{d + d_2}{2} = \dfrac{100 + 94}{2} = 97$ mm。

将相关数据代入式（4.8）得 $T = 98\,218.8$ N·mm $= 98.218\,8$ N·m。

因此螺杆的当量应力 $\sigma = 1.75 \leqslant \sigma_p = 71$ MPa。

4）螺母剪切强度校核

排缆丝杠螺母的剪切强度可按式（4.9）计算：

$$\tau = \frac{F}{\pi D b z} \quad (4.9)$$

将相关数据代入式（4.9）得 $\tau = \dfrac{F}{\pi D b z} = \dfrac{1.5 \times 5\,000}{\pi \times 101 \times 7.8 \times 11.75} = 0.258 \leqslant \tau_p$。

5）螺母弯曲强度校核

排缆丝杠螺母部分的弯曲强度可按式（4.10）计算：

$$\sigma_b = \frac{3Fh}{\pi D b^2 z} \tag{4.10}$$

式中：h 为螺纹的工作高度，对于梯形螺纹和矩形螺纹，$h=0.5P=0.5\times12=6\text{ mm}$。将相关数据代入式（4.10）得 $\sigma_b = \dfrac{3Fh}{\pi D b^2 z} = \dfrac{3\times1.5\times5\,000\times6}{\pi\times101\times7.8^2\times11.75} = 0.595 \leqslant \sigma_{bp}$。

4.1.2 丝杠支撑轴承选型校核

根据丝杠的结构尺寸及受力特点，丝杠的轴向力由轴承承担，径向力由导向轴承承担，因此丝杠轴承只承受轴向力。基于上述分析，选取丝杠两端的轴承支撑形式为一端采用一对圆锥滚子轴承（型号 30214），另一端选用调心滚子轴承（型号为 22214CC/W33），所选轴承参数见表 4.2。

表 4.2 所选轴承参数

轴承型号	内径 d/mm	外径 D/mm	总宽度 T/mm	内径宽度 B/mm	C_r/kN
30214	70	125	26.25	24	132
22214CC/W33	70	125	—	31	150

丝杠支撑形式如图 4.2 所示。

图 4.2 轴承支撑形式

由于轴承只受到轴向力，其当量动载荷 $P_当 = F_a = F = 7\,500\text{ N}$。

圆锥滚子轴承 30214 的基本额定寿命：

$$L_h = \frac{10^6}{60n}\left(\frac{C}{P_当}\right)^{\frac{10}{3}} = \frac{10^6}{60\times46.67}\left(\frac{132\,000}{7500}\right)^{\frac{10}{3}} = 5\,064\,304\text{ h} \tag{4.11}$$

调心滚子轴承 22214CC/W33 的基本额定寿命：

$$L_h = \frac{10^6}{60n}\left(\frac{C}{P_当}\right)^{\frac{10}{3}} = \frac{10^6}{60\times46.67}\left(\frac{150\,000}{7\,500}\right)^{\frac{10}{3}} = 7\,754\,924\text{ h} \tag{4.12}$$

假设排缆器一年中每天工作 8 h，工作 5 年，则共需工作 14 600 h，远远小于计算出的轴承额定寿命。

4.1.3 伺服电机及伺服减速机选型

根据 4.1.1 小节计算结果，排缆器丝杠传动需要的力矩 $T = 98\,218.8$ N·mm = 98.218 8 N·m。取安全系数为 1.2，$T = 1.2 \times 98.218\,8 = 117.86$ N·m。

排缆器丝杠的传递效率为

$$\eta = 0.95 \frac{\tan\varphi}{\tan(\varphi \pm \rho')} = 0.95 \times \frac{\tan 2.33°}{\tan(2.33° + 4.73°)} = 0.32 \tag{4.13}$$

则伺服电机的最低要求功率为

$$P_{\text{伺服电机}} = \frac{Tn}{9\,550\eta} = \frac{117.86 \times 46.67}{9\,550 \times 0.32} = 1.80 \text{ kW} \tag{4.14}$$

根据计算出的伺服电机的最低功率，选取型号为 ISMH3-75C15CD-U231Z 的伺服电机，选取型号为 FBR190-35-S3-92 的伺服减速机。

4.1.4 销轴式传感器

全海深地质绞车在工作的过程中，储缆卷筒的工作半径在不断地变化，同时又要保证牵引绞车绞盘和储缆绞车卷筒间缆绳上的张力恒定，因此在设计储缆绞车控制系统时需要考虑适应变转矩兼备恒张力控制的闭环系统。恒张力反馈控制系统首先要解决张力的采集问题，所以在闭环控制系统设计的过程中，需要牵引绞车和储缆绞车卷筒间缆绳张力值作为张力反馈值，系统中采用销轴传感器进行缆绳张力测量[9]。

销轴式传感器是一根空心面圆轴，剪切力均作用在该轴上。如图 4.3（a）所示，销轴式传感器中心孔内有两个凹槽，双剪型电阻应变计粘贴在两个凹槽的中间位置，由这两个应变计构成了惠斯通电桥，输出模拟量。在工程应用中这两个应变计有的构成两个惠斯通电桥，然后再并联进行测量，有的构成一个惠斯通电桥直接进行测量。图 4.3（b）中 d 为销轴中心孔的直径，D 为凹槽的最小直径。简而言之，销轴式传感器就是根据应变片受到的不同压力而产生不同的形变，进而产生不同的电信号来将物理量转变成电信号的元器件，储缆绞车销轴式传感器安装的位置为排缆丝杠与牵引绞车之间的导向轮上。

销轴式传感器的优点包括以下几点。

（1）结构简单，兼容性强。
（2）采用空心圆轴，具有很强的耐弯曲和耐扭转的能力。
（3）恢复力强，精度高。

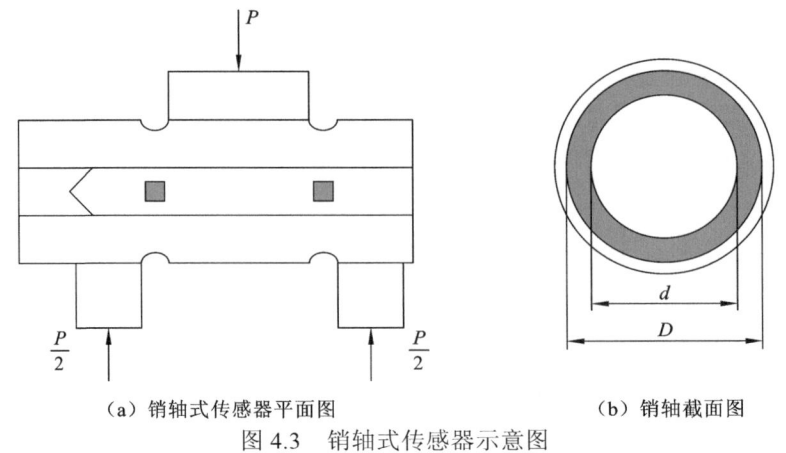

(a) 销轴式传感器平面图　　　　　　　　(b) 销轴截面图

图 4.3　销轴式传感器示意图

4.1.5　支座及导向轴

将排缆器的结构总体规划为用一根丝杠与两根导向轴搭配使用的方案，并采用支座同时搭载丝杠（数量1）与导向轴（数量2）的三角布局的方案。

排缆器在工作过程中受到缆绳的力的作用，如果缆绳的受力全部作用到丝杠上，则丝杠极易损坏，因此在对排缆器进行设计时常常加入导向轴。导向轴的作用一方面在于保证排缆器大行程排缆过程中方向一直保持稳定，另一方面在于承担缆绳本应作用到丝杠的载荷。导向轴的结构模型如图4.4所示。

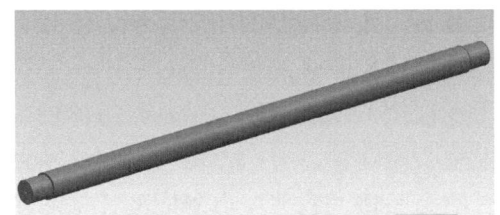

图 4.4　导向轴结构模型

导向轴材料与丝杠一致，采用45钢，长度及直径等结构尺寸根据实际建模进行调整。支座的结构模型如图4.5所示。

图 4.5　支座结构模型

4.1.6 行走机构设计

1. 滑轮设计

滑轮在系统中主要用来引导、改变缆绳的方向，在一些场合还起到支承的作用。滑轮材料选用标准见表4.3，可根据实际情况进行调整。通常情况下对载荷不大的滑轮可直接与心轴装在一起，载荷较大的可以装在轴承上同时搭配轴套。

表 4.3　滑轮材料选用标准

尺寸	受力	材料	结构
小型滑轮 $D \leqslant 350$ mm	小载荷	Q235、铸铁（HT150）	实体滑轮
	大载荷	球铁（QT420-10）、铸钢（ZG230-450、ZG270-500）	铸成带筋、孔或轮辐结构
大型滑轮 $D > 800$ mm	—	钢、钢板	焊接结构

排缆器用直径 26 mm 的缆绳，根据行业标准《起重机用铸造滑轮绳槽断面》（JB/T 9005.1—1999），设计滑轮的绳槽断面结构如图 4.6 所示。

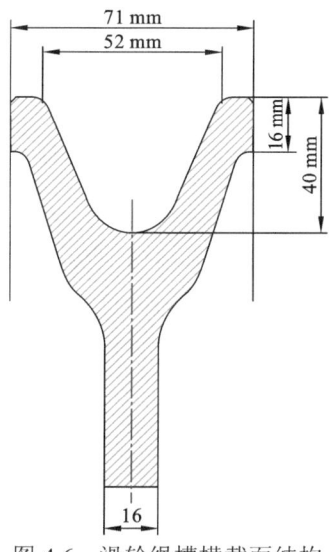

图 4.6　滑轮绳槽横截面结构

2. 往复座设计

排缆器若采用一根丝杠与两根导向轴搭配使用，则往复座在整体上将会是与支座同样的三角结构，同时往复座上还要有能放置滑轮的结构。基于此分析，暂设计往复座的外部、内部结构如图 4.7 和图 4.8 所示。

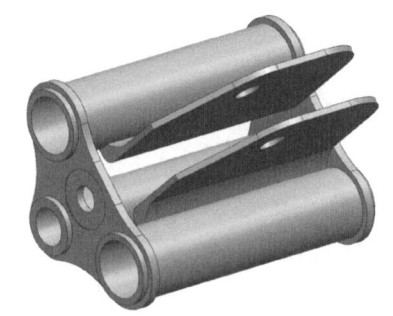

图 4.7 往复座外部结构模型示意图

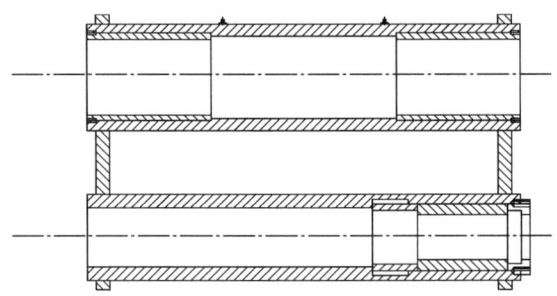

图 4.8 往复座内部结构图

4.1.7 总体结构方案

1. 行走机构总体设计

根据设计方案采用自动排缆器,需要在排缆过程中测量缆绳的速度、滑轮的径向载荷及缆绳的张力等。为此在行走机构上设置销轴式传感器,用来测量滑轮的径向载荷和缆绳的张力,设置角度传感器用以缆绳纠偏。行走机构上往复座还需要与导向轴配合,因此还需要设置铜套。经过综合考虑设计行走机构如图 4.9 所示。

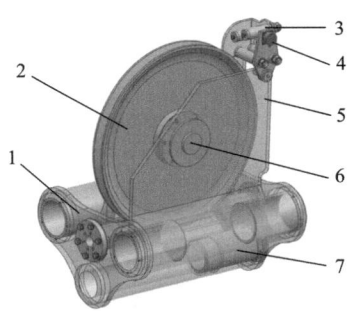

图 4.9 行走机构装配图

1—往复座;2—滑轮;3—液轮;4—角度传感器;5—滑轮支架;6—销轴式传感器;7—铜螺母

2. 排缆器总体设计

选择合适的伺服电机、伺服减速机及行程开关等构成排缆器,如图 4.10 所示。

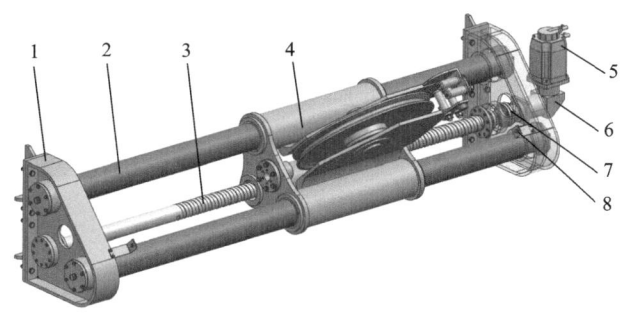

图 4.10 排缆器整体结构
1—支座;2—导向轴;3—丝杠;4—行走机构;5—伺服电机;6—伺服减速机;7—联轴器;8—行程开关

4.2 自动排缆器有限元分析

排缆器的结构强度对全海深地质绞车系统的稳定运行起着非常重要的作用,其行走机构在排缆器上的两个极端位置分别为丝杠上螺纹的两端。利用有限元分析软件 ANSYS-Workbench 分析行走机构在两个极端位置处的静态结构强度,验证排缆器的强度是否符合要求。

4.2.1 模型的简化

排缆器结构零件较多,结构复杂,因此在利用 ANSYS-Workbench 进行分析前应去除模型中螺栓、垫片、角度传感器、伺服电机、减速器、轴承端盖等零件,并对其余结构进行简化,简化原则如下。

(1) 将丝杠螺纹部分简化为与外螺纹小径相等的圆柱。
(2) 将与导向轴配合的铜套与行走机构设置为一体。
(3) 将与丝杠配合的铜螺母与行走机构设置为一体,并简化为能与丝杠配合的圆柱。
(4) 去除滑轮支架上的液轮,并简化支架。
(5) 去除各处用到的键,并补全各个结构处的键槽。
(6) 将排缆器中用到的轴承用圆柱替代。
(7) 补全支座上螺纹孔。
(8) 将销轴式传感器简化为圆柱外形。

对简化后的排缆器进行干涉检查,各个接触良好,无硬干涉。干涉检查结果及简化后的模型如图 4.11 所示。

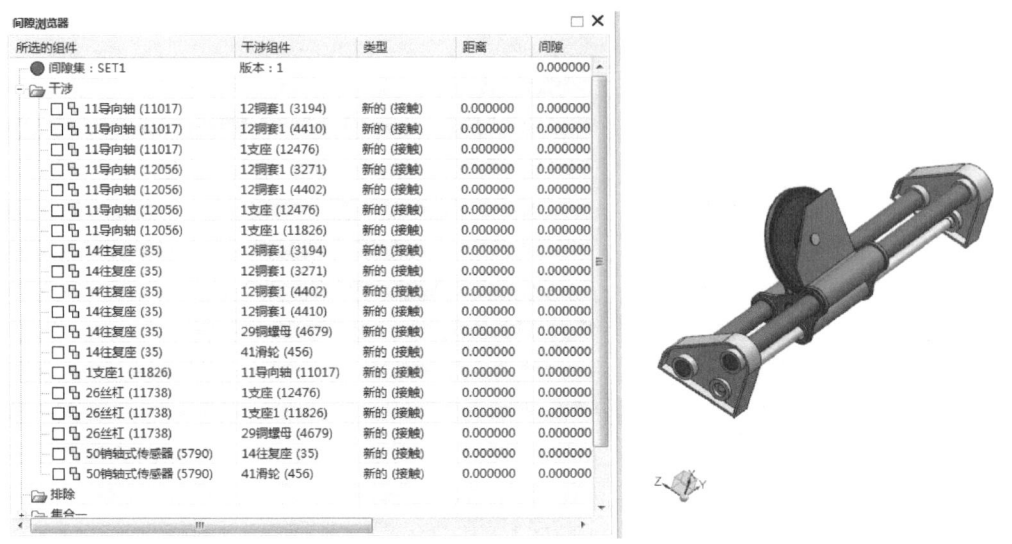

(a)干涉检查结果　　　　　　　　　(b)简化后的模型

图 4.11　干涉检查结果及简化后的模型

4.2.2　基于简化模型的结构强度分析

简化后的排缆器部件仍然有 14 个零件,各个零件的材料属性见表 4.4。

表 4.4　排缆器零件材料属性

零件名	材料	弹性模量/GPa	泊松比	密度/(g/cm³)	屈服极限/MPa
丝杠	45 钢	210	0.31	7.85	355
导向轴					
支座	Q355 钢	206	0.27	7.9	295
往复座					
滑轮					
铜套	铜合金	110	0.34	8.3	280
铜螺母					
销轴式传感器	不锈钢	200	0.3	7.85	250

排缆器网格划分结果如图 4.12 所示。

排缆器施加边界条件结果如图 4.13 所示。

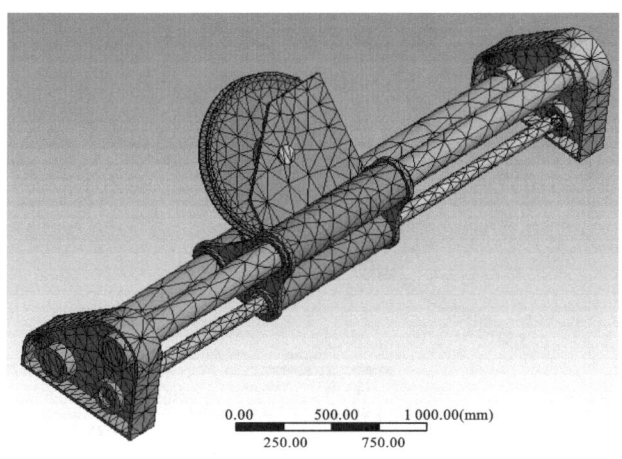

图 4.12 排缆器网格划分结果

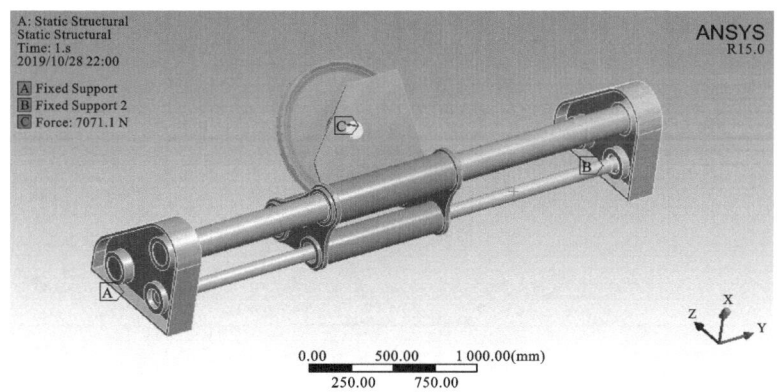

图 4.13 排缆器施加边界条件

排缆器整体应力云图、丝杠应力云图、往复座应力云图、滑轮应力云图结果如图 4.14～图 4.17 所示。

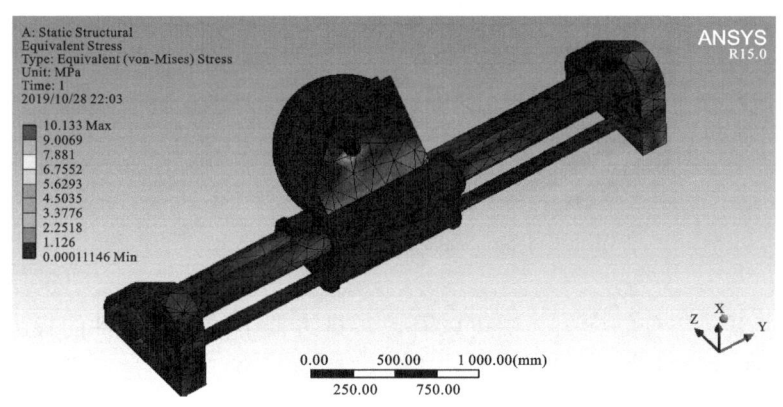

图 4.14 排缆器整体应力云图

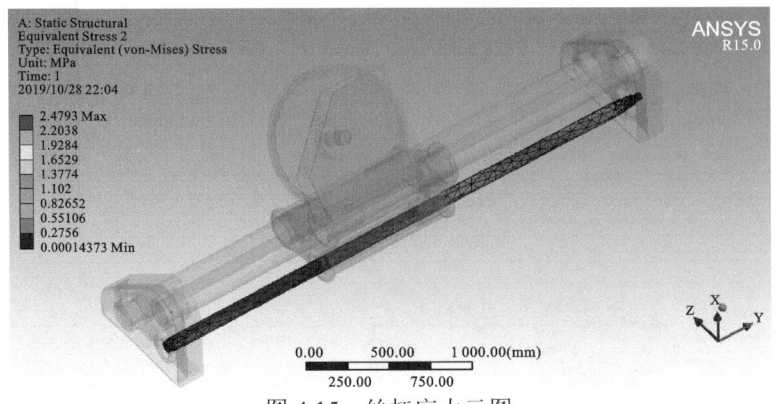

图 4.15 丝杠应力云图

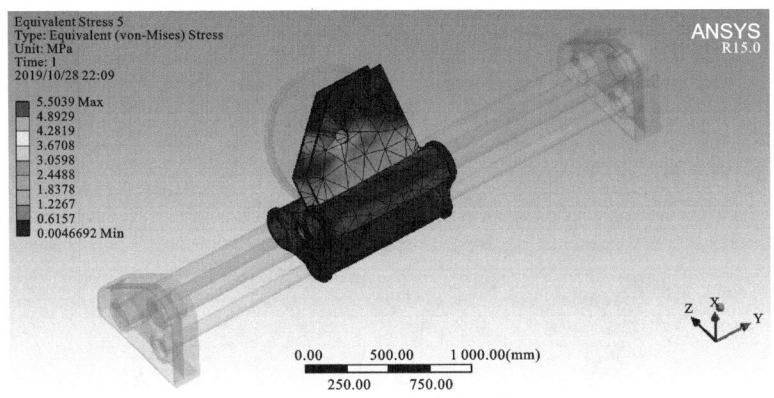

图 4.16 往复座应力云图

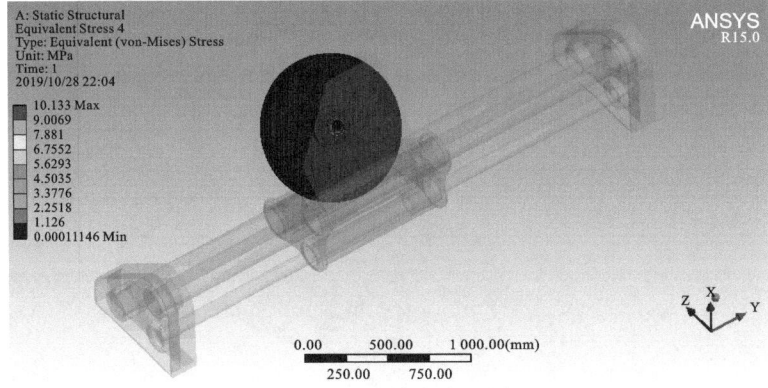

图 4.17 滑轮应力云图

通过排缆器各部分的应力云图可以看出,排缆器上的主要部件的最大等效应力均超过对应材料的屈服极限,因此在静态下排缆器的强度能够满足要求。

4.2.3　基于简化模型的模态分析

随着深海绞车排缆系统不断向高速度、高精度和高可靠性发展，对排缆器的动态性能也提出了更高的要求。由于深海绞车的工作环境恶劣，如果激振频率接近排缆器的共振频率，系统可能会产生共振，进而影响排缆精度甚至对排缆系统造成破坏。因此需要对排缆器进行模态分析，得到排缆器的固有频率和振型，为丝排缆器结构的优化设计奠定基础。

通常情况下只需提取结构物的前六阶模态进行分析。利用有限元软件 ANSYS-Workbench 分析得到丝杠螺母的前六阶模态云图如图 4.18 所示。

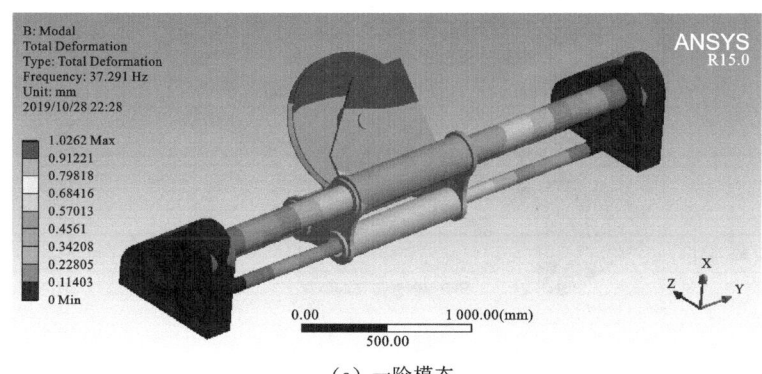

（a）一阶模态

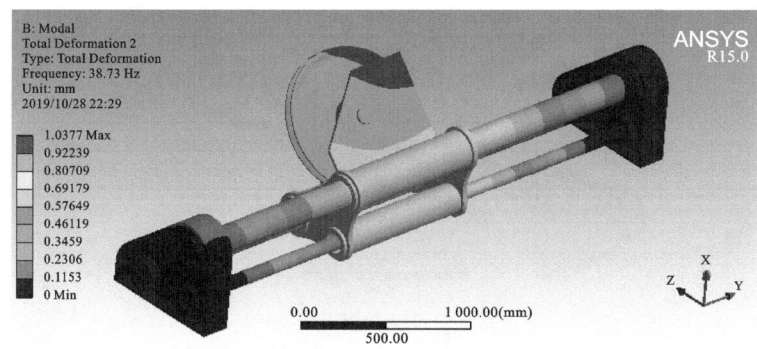

（b）二阶模态

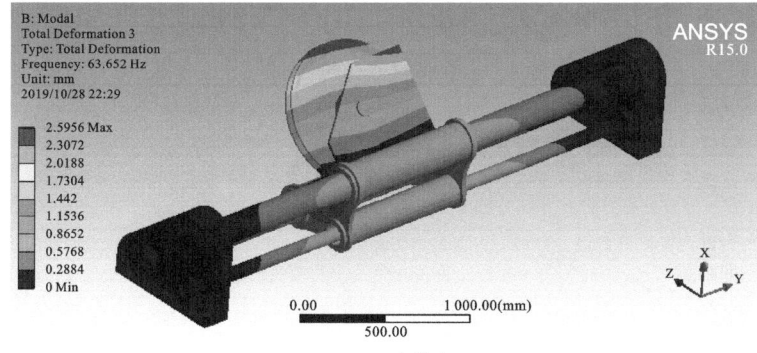

（c）三阶模态

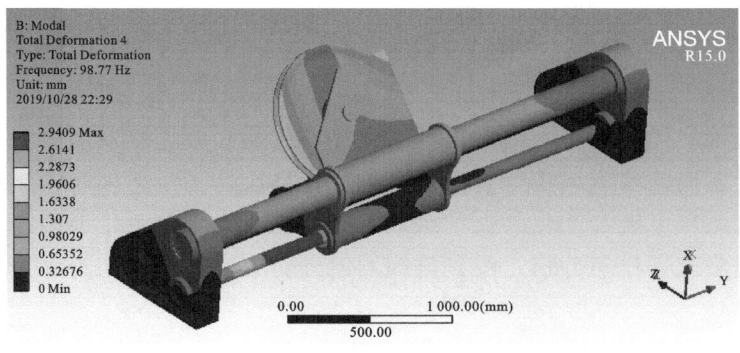

(d)四阶模态

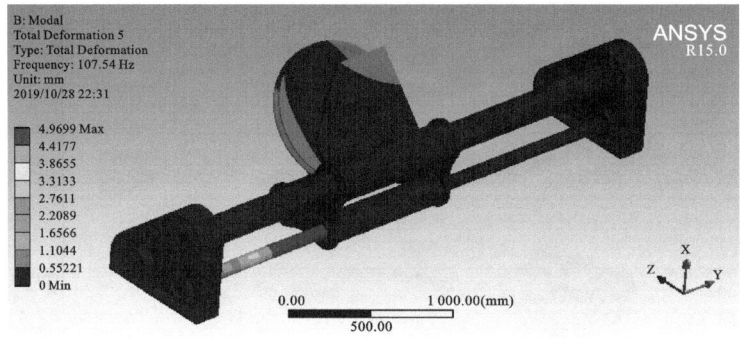

(e)五阶模态

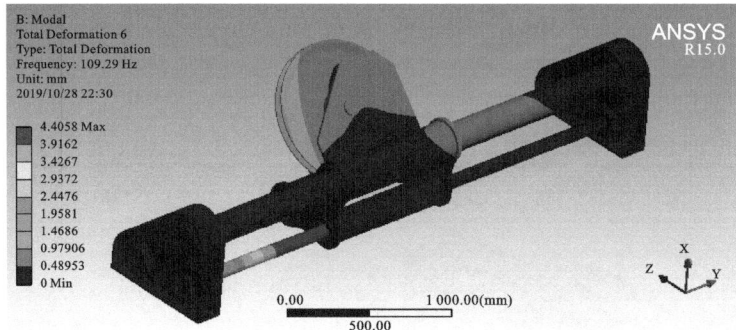

(f)六阶模态

图 4.18 排缆器前六阶模态云图

排缆器的前六阶固有频率见表 4.5。

表 4.5 排缆器前六阶固有频率

模态	固有频率/Hz
一阶	37.291
二阶	38.730
三阶	63.652
四阶	98.770
五阶	107.540
六阶	109.290

4.2.4 排缆系统机械传动机构动力学模型

伺服电机输出转矩和角位移,通过刚性联轴器与丝杠连接,通过丝杠将转动转换成排缆行走机构的直线运动,其工作机理如图4.19所示。

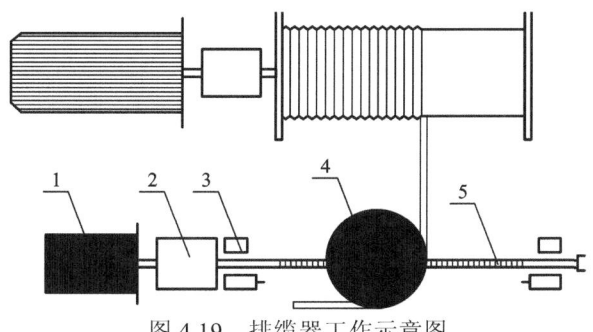

图4.19 排缆器工作示意图

1—伺服电机;2—刚性联轴器;3—轴承;4—导缆轮;5—丝杠

在实际工作环境中,机械的伺服进给系统涉及弹性、阻尼、摩擦、变形、间隙等问题。为了更好地建立传动系统的动力学模型,将其机械的环节进行简化,忽略变形、间隙等,主要考虑刚度和阻尼对系统的影响,建立如图4.20所示排缆机械传动系统的动力学简化模型。

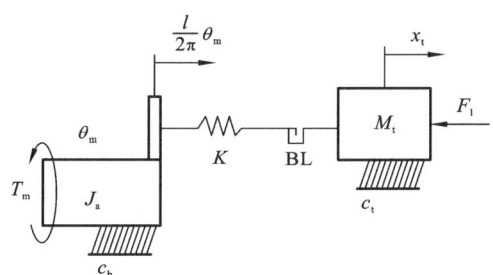

图4.20 排缆机械传动系统的动力学简化模型

图 4.20 中:T_m、θ_m 分别为电机轴的输出转矩、输出转角;J_a 为电机转子、联轴器及丝杠的转动惯量;K 为传动机构的总的等效刚度;c_b 为轴承及丝杠副的黏性阻尼;c_t 为直线导轨的黏性阻尼;l 为丝杠的导程;BL 为间隙;x_t 和 M_t 分别为工作台的输出位移和工作台的质量;F_l 为负载。

可以得出传动机构的等效动力学平衡方程如下:

$$J_a \ddot{\theta}_m + c_b \dot{\theta}_m + f_b + \frac{l}{2\pi} K \left(\frac{l}{2\pi} \theta_m - x_t \right) = T_m \quad (4.15)$$

$$M_t \ddot{x}_t + c_t \dot{x}_t + f_t + F_l = K \left(\frac{l}{2\pi} \theta_m - x_t \right) \quad (4.16)$$

式中：f_b 为丝杠与轴承之间产生的摩擦力；f_t 为行走机构和导轨之间产生的摩擦力。

忽略摩擦和负载力进行拉格朗日变换可得

$$J_a s^2 \theta_m(s) + c_b s \theta_m(s) + \left[\frac{l}{2\pi}\theta_m(s) - x_t(s)\right] = T_m(s) \tag{4.17}$$

$$M_t s^2 x_t(s) + c_t s x_t(s) = K\left[\frac{l}{2\pi}\theta_m(s) - x_t(s)\right] \tag{4.18}$$

分别以转子旋转角位移和排揽行走机构平动直线位移作为输入，以电机输出机械转矩为输出，可得传递函数 G_{F1} 和 G_{F2}：

$$G_{F1} = \frac{\theta_m(s)}{T_m(s)} = \frac{M_t s^2 + c_t s + K}{(J_a s^2 + c_b s + KR^2)(M_t s^2 + c_t s + K) - K^2 R^2} \tag{4.19}$$

$$G_{F2} = \frac{x_t(s)}{T_m(s)} = \frac{KR}{(J_a s^2 + c_b s + KR^2)(M_t s^2 + c_t s + K) - K^2 R^2} \tag{4.20}$$

式中：$R = l/2\pi$。

以转子旋转角位移和排揽行走机构平动直线位移分别作为传递函数的输入和输出可得

$$G_M(s) = \frac{x_t(s)}{\theta_m(s)} = \frac{KR}{M_t s^2 + c_t s + K} \tag{4.21}$$

根据机械控制工程基础知识可知，传递函数式（4.21）是一个典型的二阶振荡系统，所以可以将其转化为标准的模式：

$$G_M(s) = \frac{x_t(s)}{\theta_m(s)} = R\frac{\omega_n^2}{s^2 + 2\zeta\omega_n s + \omega_n^2} \tag{4.22}$$

排揽进给机械传动二阶系统的系统阻尼比为 $\zeta = c_t/(2\sqrt{KM_t})$；

排揽进给机械传动二阶系统的机械固有频率为 $\omega_n = \sqrt{K/M_t}$。

依据机械控制工程基础知识，排揽装置传动系统传递函数对应的控制框图如图 4.21 所示。

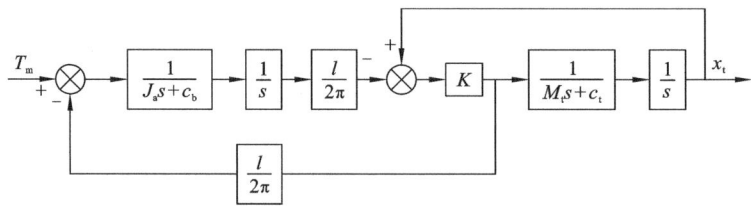

图 4.21 排缆装置传动系统传递函数对应的控制框图

对于系统中存在减速器的传动系统，由动力学知识可知转矩在经过减速器后有

$$\theta_m = \frac{\theta'_m}{i}, \quad T'_m = \frac{T_m}{i}$$

由此得到传动系统的控制框图如图 4.22 所示。

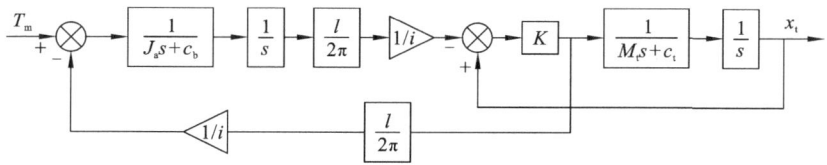

图 4.22 系统经过减速器传递函数对应的控制框图

对于大多数的机械传动系统，考虑排揽装置本身材料及在设计之初预设的安全系数值很大，排揽装置的刚度很大、变形很小，作为一般的仿真分析可以将其简化为刚性传动系统。式（4.23）为简化机械传动系统的数学模型。

$$T_i = \left[J_m + \frac{1}{i^2}(J_r + J_e) \right] \frac{d^2\theta_L}{dt^2} + B\frac{d\theta_L}{dt} + T_L \quad (4.23)$$

由此可得机械进给传动系统模型的控制框图如图 4.23 所示。

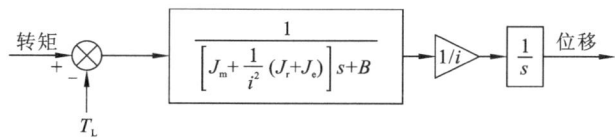

图 4.23 机械进给传动系统模型的控制框图

本节通过对排缆系统的功能分析，选择由伺服电动机驱动的单向丝杠进行排缆的机构型式。首先，对排缆器的丝杠进行材料选择、螺纹选择、螺纹设计、螺纹强度校核等工作；对丝杠的支撑轴承进行选择，并验证轴承的基本额定寿命是否满足要求；对排缆器需要的伺服电机及伺服减速机进行选型；描述销轴式传感器的工作原理；设计支座及导向轴；对行走机构的滑轮和往复座进行结构设计。其次，基于各结构的选型设计，进一步完成行走机构及排缆器的总体设计，并在此基础上对排缆器进行简化，采用 ANSYS-Workbench 构建排缆器简化的有限元分析模型，不仅验证了排缆器关键部件的静态结构强度，而且对排缆器模态进行了分析，获得了排缆器的前六阶固有模态，为系统的动态特性预估及优化设计提供了指导。最后，建立排缆器系统的动力学模型，为全海深地质绞车系统的控制系统提供了理论基础。

4.3 折线槽结构与设计

随着海洋科考逐步从近岸走向远洋，科考船作业深度也越来越深，与此相对应的地质绞车系统的缆绳也越来越长。目前，卷筒缆绳长已超过 13 000 m，这就对深海地质绞车系统的缆绳缠绕等提出了更为严格的要求。深海科考绞车系统缆绳缠绕需要考虑缆绳形式、卷筒结构、排缆方式和结构形式 4 个主要方面的因素，如图 4.24 所示。卷筒结构可以分为光面卷筒、螺旋槽和折线槽 3 种形式，如图 4.25 所示。折线槽是深海科考绞车系统常采用的形式,折线槽卷筒设计的时候需要考虑绳槽形式、槽距、卷筒直径、缆槽折线区和绳垫。缆槽可以采用铸造成型、机械加工或焊接型钢三种形式,槽距需要考虑缆绳的特性和缆绳变形量,卷筒直径由最小弯曲半径决定。

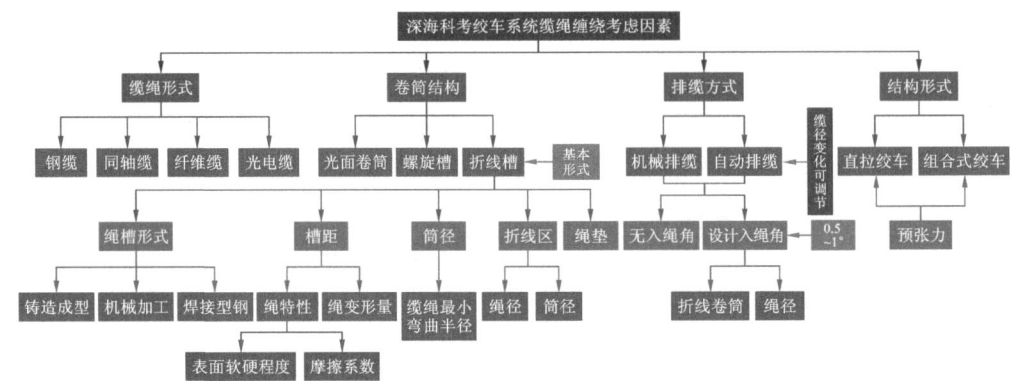

图4.24　深海科考绞车系统缆绳缠绕考虑因素

（a）光面卷筒　　　　　　（b）螺旋槽　　　　　　（c）折线槽

图4.25　科考船绞车系统卷筒结构形式

分体式折线槽套筒是适用于高效使用的分体式卷筒。分体式折线槽套筒由一对外壳组成,通过螺栓或焊接固定在一个光滑的卷筒上,以提供开槽模式,通常在套筒上刻出螺旋形或平行槽从而利于多层缆绳的缠绕。分体式折线槽套筒中的沟槽是根据具体的绳索结构、直径和长度设计的,以适应各种各样的科考船绞车系统的应用。折线槽将缠绕的缆绳保持在统一的缠绕尺寸中,在缆绳的各个层间均匀地分配载荷,这样可以防止下层被上层压碎。经过现场测试证明,折线槽卷筒设计的绞车系统可以将绳索寿命延长500%以上。

分体式折线槽套筒其优点包括以下几点。

（1）在科考船绞车应用变化或绳索类型改变的情况下,更换套筒比更换整个卷筒要容易得多。

（2）在科考船绞车应用变化或绳索类型改变的情况下,更换套筒比更换整个卷筒的成本低得多。

（3）卷筒的使用寿命大大增加,因为当凹槽最终磨损时,只有套筒需要更换。

（4）套筒可以加装在现有的卷筒上,可以在现场加装或换装,操作简单。

科考船绞车系统通常采用折线槽的形式,如图4.26所示。

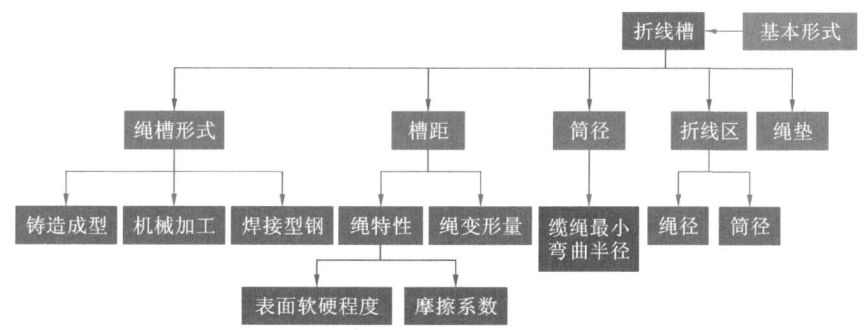

图 4.26 科考船绞车系统折线槽考虑因素

通常来讲，折线槽卷筒由平行区和过渡区两部分组成，如图 4.27 所示。平行区的构造需要储缆绞车的卷筒槽宽设计成整数或整数半的缆绳直径宽度。在储缆绞车的槽型设计中，通常有两个过渡区，这一部分的作用是尽量减少应力在卷筒表面的集中。缆绳排布如图 4.28 所示，缆绳的排布呈现三角形的排布规律。

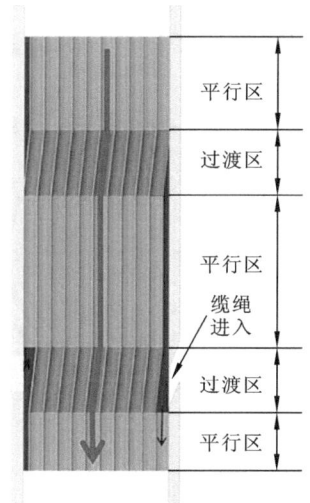

图 4.27 折线槽卷筒设计图

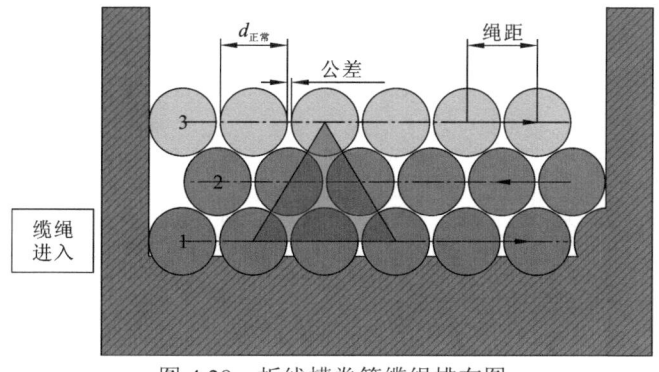

图 4.28 折线槽卷筒缆绳排布图

绞车卷筒具有特殊的折线开槽模式和折线槽独有的其他特征。从图 4.29 中可以看出，除了两个过渡区，连续的凹槽是平行于法兰盘的。在这两个过渡区，凹槽以一半的间距在滚筒上移动，通过连续的平行区沟槽实现每转的全间距移动。从侧视图来看，平行区沟槽占比约为每一圈的 70%。多层缠绕的缆绳像金字塔一样排布起来，每一层的线圈之间存在着相互依存的支持效果，如图 4.29（a）所示。过渡区剖面图如图 4.29（b）所示。

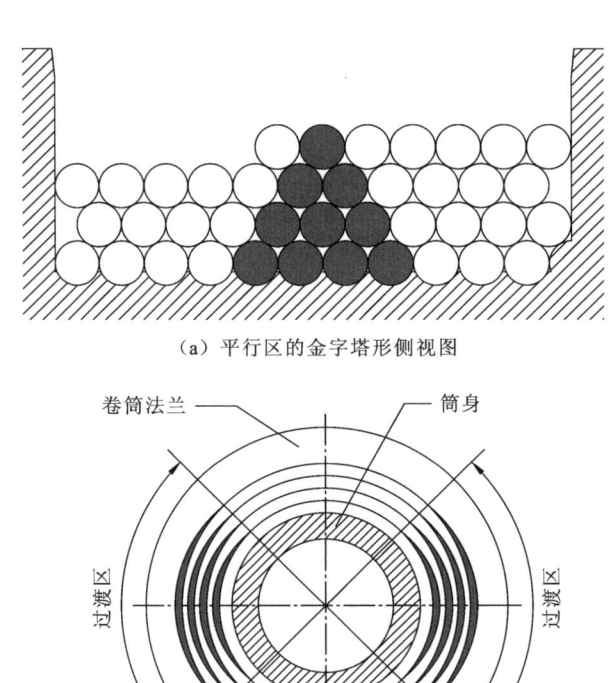

(a) 平行区的金字塔形侧视图

(b) 过渡区剖面图
图 4.29 折线槽设计图

当缆绳第一次安装在卷筒上时，以及在随后的所有缠绕过程中，缆绳必须保持在张力状态。这可以防止内层上的任何松弛，这些松弛可能会被外层压碎或挤压到槽壁上。一般来说，缆绳越紧，缠绕效果就越好。缠绕的缆绳应至少能够承受 2% 的断裂载荷或 10% 的工作载荷，此外还需要考虑安全系数和缆绳的设计构造。

缆绳的缠绕角度是从卷筒上拉出的绳索与第一个固定滑轮相交点之间的夹角。根据一般的经验，夹角的角度一般在 0.25°～1.5°，如图 4.30 所示。如果夹角超出了平行槽卷筒的推荐范围，可以使用角度补偿器。通常来讲，缠绕角度取决于实际应用，如载荷、缆绳结构和提升速度的需求。

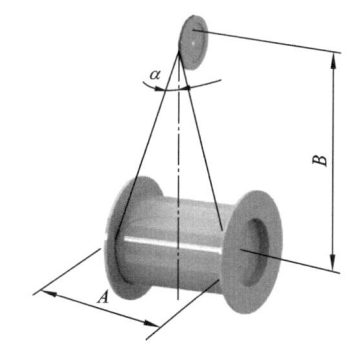

图 4.30 缆绳缠绕角度示意图

A 为卷筒宽度；B 为卷筒与滑轮轴心间的距离

4.4 自动排缆检测

采用激光轮廓扫描仪对缠绕在绞车卷筒的缆绳进行检测。通常情况下，缆绳的横截面是一个圆形，然而在实际工程应用中发现，横截面为圆形的缆绳在受力的状态时会发生结构性变化，变为椭圆形，如图 4.31 所示。

当缆绳处于缠绕过程时，其在卷筒上的侧视图如图 4.32 所示，其中显示的是在缆绳缠绕过程中，缆绳的高度增量与缆绳缠绕的层数之间的关系。由缆绳缠绕形成的缆绳堆叠起来的外圆可以用式（4.24）和式（4.25）表示。缆绳的增量的推导可以用式（4.26）和式（4.27）表示。椭圆形的缆绳在宏观上遵守质量守恒定律，可以用式（4.26）表示。在图 4.33 中，缆绳在横截面上的增量，则可近似地用规划表示的椭圆形长短轴（a, b）来进行表达，如式（4.27）所示。

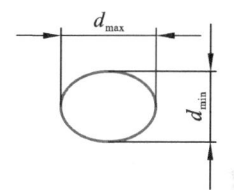

图 4.31 缆绳受力变形图

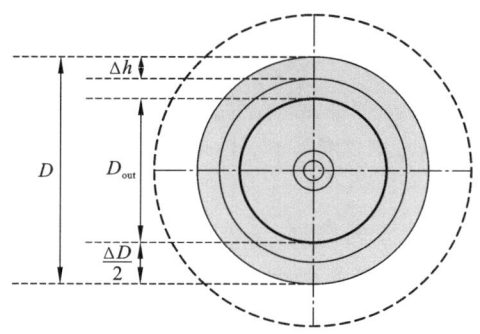

图 4.32 缆绳缠绕在卷筒上的侧视图

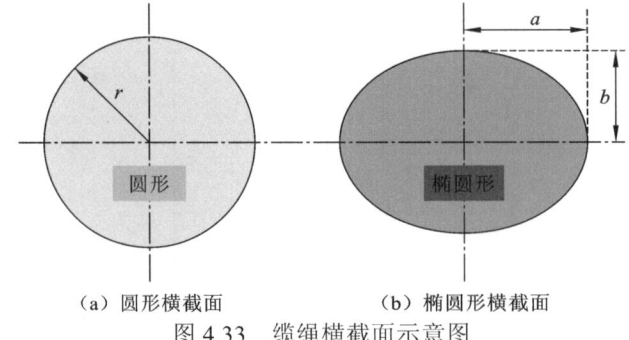

(a)圆形横截面　　　　(b)椭圆形横截面

图 4.33　缆绳横截面示意图

$$D = D_{\text{out}} + \Delta D \tag{4.24}$$

$$\Delta D = 2\sum_{i=1}^{i} \Delta h_i \tag{4.25}$$

$$S_{\text{Circle}} = S_{\text{Ellipse}} \Rightarrow \pi r^2 = \pi ab \tag{4.26}$$

$$\Delta h = 2\sqrt{b^2 - \frac{b^2}{a^2}\left(\frac{p^2}{4}\right)} \tag{4.27}$$

图 4.34 所示为合成纤维缆绳在储缆绞车第 1 层的缠绕分布图，图中显示了实际缠绕效果与使用激光轮廓扫描仪监测时的效果示意图。图 4.35 为合成纤维缆绳在储缆绞车上从第 1 层到第 9 层的缠绕示意图。使用激光轮廓扫描仪测得的排缆中缆绳横截面信息如图 4.36 所示。

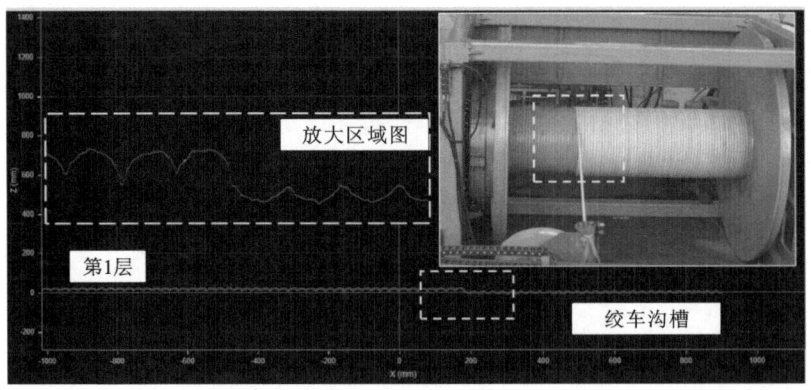

图 4.34　合成纤维缆绳第 1 层排布状况及扫描仪监测示意图

根据激光轮廓扫描仪测得数据信息，并与实际缠绕过程中的缆绳进行比对后发现，式（4.24）～式（4.27）对缆绳横截面变形的预测及层数信息的获取具有很强的普适性及迭代性，对缆绳自动排缆检测具有很重要的实际应用价值。

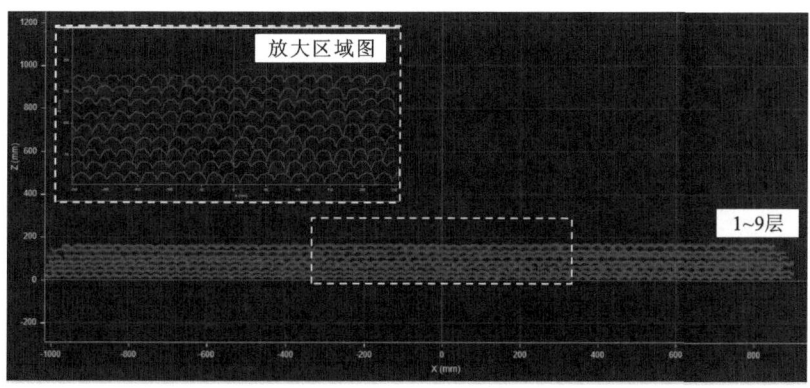

图 4.35 缠绕在储缆绞车的合成纤维缆绳（1～9 层）分布图

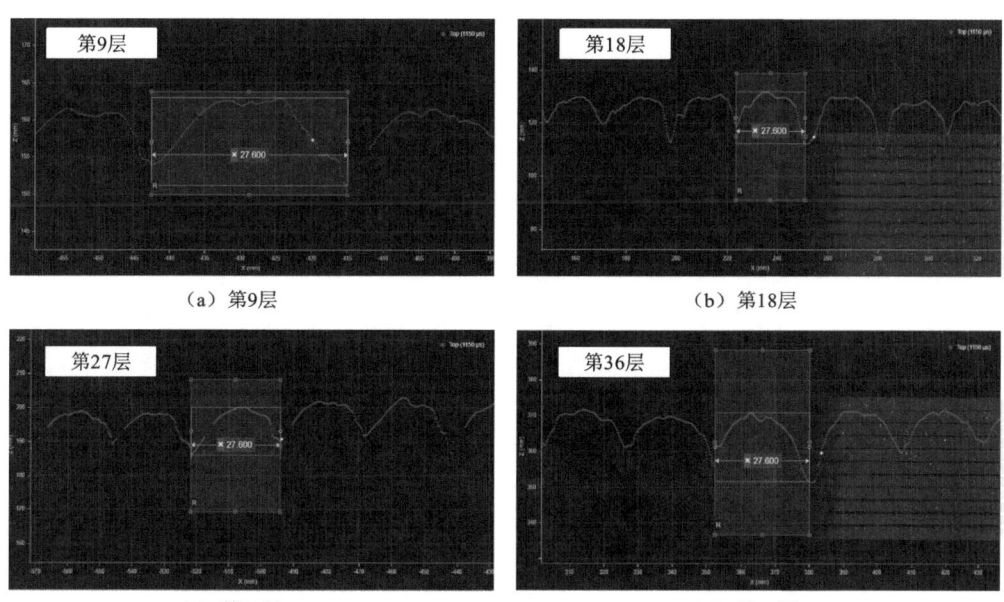

（a）第9层　　　　　　　　　　（b）第18层

（c）第27层　　　　　　　　　　（d）第36层

图 4.36 使用激光轮廓扫描仪测得的排缆中缆绳横截面信息

第 5 章

科考船绞车系统缆松弛补偿器设计与仿真

目前科考船绞车系统均采用牵引绞车与储缆绞车相分离的结构。缆松弛补偿器是一种设置于科考船牵引绞车与储缆绞车之间的用来控制缆绳张力的补偿系统。缆松弛补偿器中的重要元件是液压泵,它通过向油缸主动补偿腔供油来控制活塞杆位移,实现补偿功能。本章结合科考船实际工作情况,研究缆松弛补偿器设计,对缆松弛补偿器的液压油缸及关键液压部件进行选型计算,并采用有限元分析法对液压油缸、蓄能器等关键部件进行强度分析校核,保证缆松弛补偿器的正常运行,进而为缆松弛补偿器的建模仿真分析提供条件。

5.1 缆松弛补偿器系统整体设计方案

5.1.1 缆松弛补偿器液压系统工作原理

缆松弛补偿器液压系统主要由液压油缸、蓄能器、溢流阀等部分组成,选择外啮合齿轮泵作为波浪补偿模块的液压泵,并采用蓄能器与压缩气瓶串联共同作用,以增大蓄能器体积。缆松弛补偿器液压系统工作原理如图 5.1 所示。

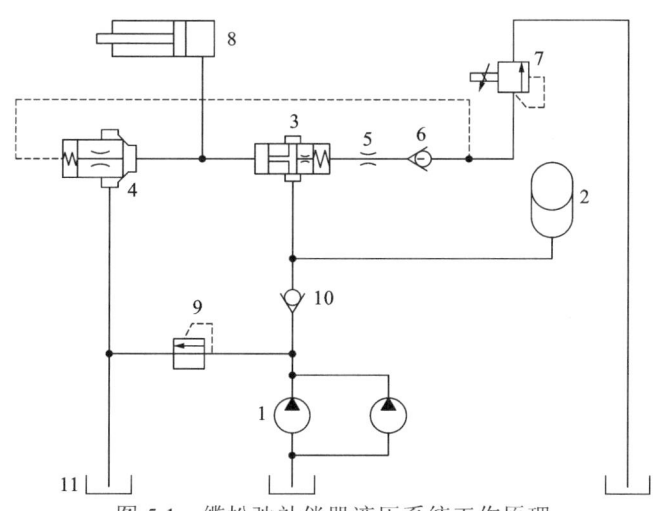

图 5.1 缆松弛补偿器液压系统工作原理
1—液压泵;2—蓄能器;3,4—插装阀;5—节流阀;6,10—单向阀;7—比例溢流阀;
8—液压油缸;9—溢流阀;11—油箱

当系统启动时,液压泵 1 将液压油排出,油液经单向阀流入插装阀 3,产生压力作用于阀芯,由于两侧作用面积相同,弹簧推动阀芯向右移动,插装阀开启,油液通过管路流入液压油缸 8,油缸活塞受力向左移动。油缸外与活塞杆相连的滑轮也受力向左移动,缆绳因被压紧有了初始预紧力。同时,滑轮上设置的传感器检测到推力并将其传递给控制单元,控制单元将检测张力与设置张力进行对比,根据二者差值进行控制,发出电信号。信号传递到比例溢流阀 7,控制比例溢流阀动作,当液压油缸内活塞移动到一定位置使缆绳张力达到设定要求时,比例溢流阀开启泄油,使阀前保持一定压力。此时插装阀 4 阀芯右侧为液压油缸的作用压力,比例溢流阀 7 阀前压力作用在插装阀 4 阀芯左侧,压差作用于弹簧,推动弹簧使插装阀 4 泄油,从而使液压油缸右腔的压力保持稳定。液压油缸 8 内的压力与缆绳张力保持平衡,系统得以稳定,缆绳张力保持在设定值附近。

当缆绳上的张力由于海况等原因突然增大时,张力通过滑轮组传递到液压油缸活塞左侧，此时油缸内左侧压力比右侧压力大，推动液压油缸 8 活塞向右移动。活塞向右移动过程中消耗左侧的力，且右腔由于体积减小，腔内液压油压力将会增大，如果不采用控制系统，系统将会在比设定张力大的情况下重新建立平衡。当控制单元发挥作用时，由于张力突增，张力检测值与设定值的差值增加，控制比例溢流阀 7 动作，阀前压力减小，插装阀 4 的阀芯开度增加，回油增加，液压油缸右腔内的压力将会减小。同时，比例溢流阀 7 的阀前压力变小，插装阀 3 的阀芯前后压力差减小，阀芯开度也减小，流量减少，最后缆绳的张力将会在设定值附近重新保持平衡。

同理，当缆绳上的张力由于取样物体掉落等原因突然减小时，张力通过滑轮组传递到液压油缸 8 活塞左侧，此时油缸内左侧压力比右侧压力小，液压油缸活塞向左移动。在活塞移动过程中，缆绳上的张力将会逐渐增加，油缸内右腔体积增加，腔内液压油压力减小。同样，如果不采用控制系统，系统将会在比设定张力小的情况下重新建立平衡。当控制单元发挥作用时，张力突减，张力检测与设定差值增大，比例溢流阀 7 动作，阀前压力增加，插装阀 4 阀芯开度减小或关闭，回油减小，液压油缸 8 右腔压力增加，最后缆绳的张力将会在设定值附近重新保持平衡。

5.1.2 控制方案设计

控制系统包括开环控制系统和闭环控制系统。其中开环控制系统受温度和负载的影响比较大，控制精度低，很容易因外界条件改变而影响系统稳定。系统内元件的精度越高，校准精度越好，则开环控制系统的稳定性越好。与开环控制系统相比，闭环控制系统能够自动对系统偏差进行修正，抗干扰性能较强。缆松弛补偿器的缆绳张力控制系统会受到不可避免的干扰，还具有一定的时变性和非线性，若使用开环控制系统，则会对系统的稳定运行产生影响，无法满足对系统的设计要求。故而根据系统控制要求，设计的缆松弛补偿器补偿模块采用闭环控制系统，其工作原理如图 5.2 所示。

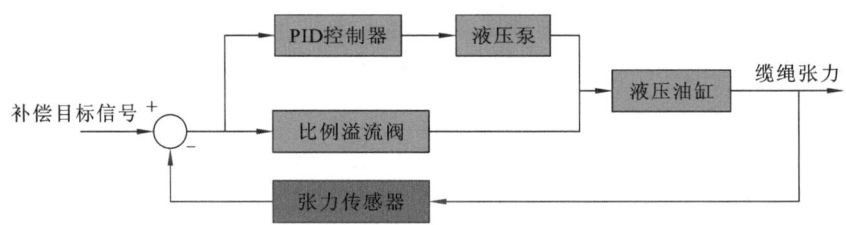

图 5.2 缆松弛补偿器控制工作原理

根据预设的张力补偿目标，通过对比例溢流阀和液压泵来控制液压油缸的活塞杆行程，调节缆绳的张力，起到补偿效果。经由传感器测量，缆绳的张力信号被反馈到控制系统，从而提高控制精度，保证系统稳定性。

5.2 缆松弛补偿器相关元件设计

5.2.1 液压油缸设计

液压油缸在缆松弛补偿器主动补偿中起着非常重要的作用,它能够将液压油传递的液压能转化为机械能。在对油缸尺寸进行设计时,在满足工作条件和工作性能的前提下,应尽可能按照标准形式和规范尺寸进行结构设计。

液压油缸是缆松弛补偿器中的重要执行部件,工作时受到高压及交变应力的作用,工作环境恶劣。45 号钢为优质碳素结构用钢,经调质氮化后,比普通碳素钢的硬度更大,冲击韧性更强,综合性能更好。选用 45 号钢作为补偿器液压油缸的材料[10],既能保证元件的强度,又能最大限度减小设备的尺寸和重量。

1. 活塞杆设计计算

在绞车系统缆松弛补偿器模块中,滑轮组采用 2 倍率绕法,因此活塞杆所受最大应力为 2 倍缆绳张力,则有

$$\frac{\pi}{4}d_1^2 n_{cm} p_n = KM(g + a_{max}) \tag{5.1}$$

式中:d_1 为活塞杆内径;n_{cm} 为油缸总效率,此处取 $n_{cm}=0.9$;p_n 为液压系统最大工作压力,对于液压机、重型机械等,建议压力为 20~32 MPa,此处选定液压油缸的压力为 25 MPa;K 为冗余系数,此处取 $K=125\%$;M 为重物的质量,取最大值 16 t;g 为重力加速度,取 $g=9.8$ m/s²;a_{max} 为外界引起的重物加速度,此处取 $a_{max}=-3$ m/s²。将数据代入式(5.1),求得 $d_1=0.087$ m,参考国家标准《流体传动系统及元件缸径及活塞杆直径》(GB/T 2348—2018)中提供的油缸内径,最终取 $d_1=90$ mm。

活塞杆壁厚 k_1 应符合:

$$k_1 \geqslant \frac{d_1}{2}\left(\sqrt{\frac{[\sigma]}{[\sigma]-1.73p_y}}-1\right) \tag{5.2}$$

$$[\sigma]=\frac{[\sigma_b]}{n} \tag{5.3}$$

式中:$[\sigma]$ 为活塞杆材料许用应力,MPa;$[\sigma_b]$ 为材料抗拉强度,参考优质碳素钢标准,选取 45 号钢的抗拉强度为 600 MPa;n 为安全系数,取 $n=3$;p_y 为试验压力,由于液压系统工作压力高于 16 MPa,此处取 $p_y=1.25p_n$。将数据代入式(5.2)得 $k_1 \geqslant 3.27$,取 $k_1=3.3$ mm。

活塞杆顶厚度 h_1 应符合:

$$h_1 \geqslant 0.433d_1\sqrt{\frac{p_y}{[\sigma]}} \tag{5.4}$$

可求得 $h_1 = 20$ mm。

活塞杆总长度 l 应符合：

$$l = l_1 + b_1 + h_1 + r_1 \tag{5.5}$$

式中：活塞杆工作行程 $l_1 = 600$ mm；取活塞头宽度 $b_1 = 200$ mm；活塞杆冗余长度 $r_1 = 280$ mm。最终可求得活塞杆总长度 l 为 1 100 mm。

2. 液压油缸缸套设计

液压油缸内部由活塞分为两部分，为了方便液压油泵的控制，液压油缸内腔与活塞杆截面积应相同，因此有

$$\frac{\pi}{4}d_1^2 = \frac{\pi}{4}[d_2^2 - (d_1 + 2k_1)^2] \tag{5.6}$$

将数据代入式（5.6），可得液压油缸直径 $d_2 = 0.131$ m，取 $d_2 = 132$ mm。

缸壁厚度应符合：

$$k_2 \geq \frac{d_2}{2}\left(\sqrt{\frac{[\sigma]}{[\sigma] - 1.73p_y}} - 1\right) \tag{5.7}$$

将数据代入式（5.7）可得 $k_2 \geq 11.2$ mm，取 $k_2 = 15$ mm。

缸底厚度应符合：

$$h_2 \geq 0.433d_2\sqrt{\frac{p_y d_2}{(d_2 - d_0)[\sigma]}} \tag{5.8}$$

式中：油口直径 d_0 取 50 mm。将数据代入式（5.8）可得 $h_2 = 30$ mm。

缸筒的总长度 l_2 应符合：

$$l_2 = l + b_1 + h_2 + b_2 + r_2 \tag{5.9}$$

式中：r_2 为缸筒冗余长度，为应对极端海况的预留长度，取 $r_2 = 700$ mm。将数据代入式（5.9）可得缸筒的总长度 l_2 为 2 000 mm。

5.2.2 关键液压部件选型

1. 液压泵选型计算

液压泵是缆松弛补偿器的动力元件，在设计的补偿模式中，液压泵通过向液压油缸的补偿腔内供油，驱动活塞杆移动来实现补偿功能。

目前常用的齿轮泵包括内啮合齿轮泵和外啮合齿轮泵。外啮合齿轮泵具有结构简单、流量均匀、工作可靠、应用范围广泛等优点，因此采用外啮合齿轮泵作为缆松弛补偿器的液压泵。

液压泵的最大工作压力 p_{max} 应满足：

$$P_p > p_{max} + \sum \Delta p \tag{5.10}$$

式中：Δp 为管路总压力损失，此处取 1 MPa。

根据油腔工作面积 S 与活塞杆移动速度 v 可求得系统最大流量 $q_{v\max}$：

$$q_{v\max} = Sv \tag{5.11}$$

将数值代入式（5.11）可得 $q_{v\max}$ =12 L/min。

液压泵最大排量 $q_{\max}$ 符合：

$$q_{\max} = \frac{q_{v\max}}{n_k n_p} \tag{5.12}$$

式中：n_k 为液压泵转速，此处取 n_k = 1 475 r/min；n_p 为齿轮泵的容积效率，此处取 n_p = 0.8。将数值代入式（5.12）可得 $q_{\max}$ = 8 ml/min。

根据计算结果，选取液压泵类型。CB-B16 型齿轮泵结构简单，维护方便，使用寿命较长，容积效率达到 90%以上，最大排量 11 ml/r，流量满足设计需求。CB-B16 型齿轮泵性能参数见表 5.1，相对应的电机型号为 1LE0001-1AB53-3FA4，其性能参数见表 5.2。

表 5.1　CB-B16 型齿轮泵性能参数

参数	数值
最高压力/MPa	2.5
最大排量/（ml/r）	11.8
重量/kg	5.2
最高转速/（r/min）	1 500
最大功率/kW	1.5

表 5.2　1LE0001-1AB53-3FA4 型电机性能参数

参数	数值
额定转速/（r/min）	1 500
额定电压/V	380
电机功率/kW	3

2. 液压管路选型计算

液压管路在缆松弛补偿器液压系统中能够起到传递信号与能量的作用。管路工作过程中一直受到高压高温，因此在选择液压管路时，应选用耐高压、精密度良好、光洁度高的无缝钢管作为补偿器液压系统的管路。

液压管路分为液压泵吸油管路、压油管路和回油管路三部分[11]。液压泵吸油管路内径 $d_{吸}$ 应符合：

$$d_{吸} = \sqrt{\frac{4q_v}{\pi v_{吸}}} \tag{5.13}$$

式中：q_v 为管路流量，m³/s；$v_{吸}$ 为吸油管内允许流速，推荐值为 0.5～1.5 m/s，此处取 1 m/s。将数据代入式（5.13）可得 $d_{吸}$=50 mm。

吸油管路壁厚应符合：

$$k_{吸} = \frac{p_{max}d_{吸}}{2[\sigma]} \tag{5.14}$$

式中：p_{max} 为系统最大工作压力，取 130 MPa。将数据代入式（5.14）可得 $k_{吸}$ = 16.25 mm。

压油管路通径 $d_{压}$ 应符合：

$$d_{压} = \sqrt{\frac{q_{vmax}}{v_{压}}} \times 4.61 \tag{5.15}$$

式中：$v_{压}$ 为压油管路允许流速，推荐值为 3～6 m/s，此处取 4 m/s。将数据代入式（5.15）可得 $d_{压}$=7.98 mm。

压油管路壁厚 $\delta_{压}$ 应符合：

$$\delta_{压} = \frac{p_{max} \cdot d_{压}}{2 \cdot \sigma_b \cdot \frac{1}{6}} \tag{5.16}$$

将数据代入式（5.16）可得 $\delta_{压}$=0.76 mm。选取钢管尺寸 ϕ14×3.5 mm。

回油管路通径 $d_{回}$ 应符合：

$$d_{回} = \sqrt{\frac{q_{vmax}}{v_{回}}} \times 4.61 \tag{5.17}$$

式中：$v_{回}$ 为回油管路允许流速，推荐值为 1.5～2.6 m/s，此处取 2 m/s。将数据代入式（5.17）可得 $d_{回}$=11.3 mm。

回油管路壁厚 $\delta_{回}$ 应符合：

$$\delta_{回} = \frac{p_{max} \cdot d_{回}}{2 \cdot \sigma_b \cdot \frac{1}{8}} \tag{5.18}$$

将数据带入式（5.18）可得 $\delta_{回}$=0.55 mm。选取钢管尺寸 ϕ14×3.5 mm。

最终选择三类液压管路参数如表 5.3 所示。

表 5.3 液压管路参数

管路类型	公称直径/mm	壁厚/mm
吸油管路	50	20
压油管路	14	3.5
回油管路	14	3.5

3. 蓄能器选型计算

蓄能器是缆松弛补偿器中发挥补偿作用的重要部件之一,具有储存能量、应急液压、吸收冲击、保护回路、吸收脉动、稳定系统的作用,是液压系统中不可或缺的一部分。

目前常见的应用于液压系统中的蓄能器的类型主要有重锤式蓄能器、弹簧式蓄能器和气体加载式蓄能器三种。

气体加载式蓄能器主要有气囊式、气瓶式和活塞式三种类型,其主要结构如图5.3所示。

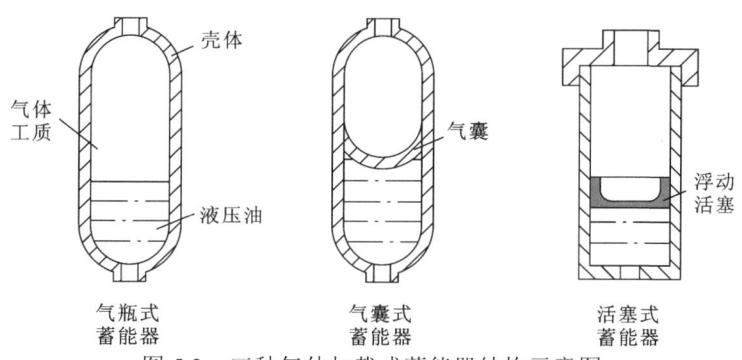

图 5.3 三种气体加载式蓄能器结构示意图

活塞式蓄能器主要是利用活塞将气体和液体隔开。活塞和筒状蓄能器内壁之间有密封,所以不易被氧化。活塞式蓄能器寿命长、重量轻、安装容易、结构简单、维护方便,但是反应灵敏性差,不适用于低压吸收脉动,其功能主要有储存能量、吸收液压冲击、消除脉动、降低噪声、回收能量5个方面。

综合来看,活塞式蓄能器最适合用于缆松弛补偿器系统中。

将蓄能器内所充气体视为理想气体,则符合理想气体方程:

$$pV = nRT \tag{5.19}$$

式中:p 为气体压力;V 为气体体积;n 为物质的量;R 为气体常数;T 为气体绝对温度。当气体状态变化较慢时,温度基本不变,可视为等温过程,则此时有

$$pV = C \tag{5.20}$$

在实际过程中,气体变化处于多变过程,则此时有

$$pV^n = C \tag{5.21}$$

式中:n 为气体多变指数,此处取 1.25。则此时有

$$p_0 V_0^{1.25} = p_1 V_1^{1.25} = p_2 V_2^{1.25} \tag{5.22}$$

式中:p_0 为蓄能器气体预充气压力;V_0 为蓄能器气体预充气体积;p_1 为蓄能器气体最低工作压力,V_1 为蓄能器最大体积;p_2 为蓄能器气体最高工作压力,V_2 为蓄能器最小体积。

蓄能器压力 p_x 应符合:

$$p_x = \frac{kM(g+a)}{Sn_{\text{cm}}} \tag{5.23}$$

式中：S 为油腔工作面积，可表示为

$$S = \frac{\pi}{4}(d_2^2 - d_1^2) \tag{5.24}$$

将数据代入式（5.23）可得蓄能器最低工作压力 $p_{x1} = 5.76\,\text{MPa}$，最高工作压力 $p_{x2} = 15.332\,\text{MPa}$。

一般情况下，蓄能器预充压力 p_{x0} 应满足：

$$0.9p_{x1} > p_{x0} > 0.25p_{x2} \tag{5.25}$$

在不同的使用场合，蓄能器预充压力也会有所不同，若预充压力不符合系统要求，则会影响系统的补偿功能。预充压力太小，则蓄能器压力不够，补偿系统无法发挥作用；若预充压力太大，则气体不易压缩，也会影响蓄能器发挥作用。按照取样器最大吊重 16 t 进行计算，蓄能器充气压力为 4.8 MPa。

蓄能器的工作容积等于液压油缸内活塞杆工作过程中扫过的体积，因此工作容积可表示为

$$\Delta V = Sl \tag{5.26}$$

将数据代入式（5.26）可得蓄能器工作容积为 4.39 L。

蓄能器总容积 V_x 可表示为

$$V_x = \frac{\left(\dfrac{p_{x1}}{p_{x0}}\right)^{\frac{1}{n}}}{1 - \left(\dfrac{p_{x1}}{p_{x2}}\right)^{\frac{1}{n}}} \Delta V \tag{5.27}$$

将数据代入式（5.27）可得蓄能器总容积为 9.8 L，此处选定蓄能器容积为 10 L。

5.2.3 缆松弛补偿器整体模型

根据选型计算结果完成缆松弛补偿器的设计，并运用 ANSYS-SolidWorks 软件建立三维模型。缆松弛补偿器的三维模型如图 5.4 所示。

图 5.4 缆松弛补偿器三维模型

5.3 基于有限元分析的缆松弛补偿器强度校核

有限元分析是一种利用数学近似方法对真实的物理系统进行模拟的过程，用有限数量的未知量去逼近无限未知量的真实系统。Workbench 为 ANSYS 的协同仿真平台，可对结构静力学、动力学、热力学、电磁学等物理系统进行分析模拟。分析模拟过程共分为三个步骤，包括前处理、求解、后处理。前处理包括建立几何模型、定义单元类型、定义接触类型划分网格等；求解包括设置载荷类型大小、求解总矩阵方程等；后处理则是指对结果的分析评估等。

5.3.1 液压油缸有限元分析

缆松弛补偿器主动补偿功能主要靠液压泵、控制阀、传感器及液压油缸等部件实现。液压油缸是非标准件，结构很复杂，在补偿器中起到非常重要的作用，因此需对液压油缸进行有限元分析，并对其尺寸进行优化。将所绘三维模型导入 ANSYS 中。

液压油缸最大应力 $\delta_{\max}$ 应符合：

$$\delta_{\max} \leqslant \frac{\sigma_{\max}}{n} \tag{5.28}$$

式中：$\sigma_{\max}$ 为材料屈服强度，因选用 45 号钢，材料屈服强度为 355 MPa；n 为安全系数，取 1.8。

液压油缸最大应变 $\varepsilon_{\max}$ 应符合：

$$\varepsilon_{\max} \leqslant \frac{D_{\max}}{1\,000} \tag{5.29}$$

式中：$D_{\max}$ 为液压腔内径。

当活塞杆外伸至最大行程时，腔内受液面积最大。对油缸进行有限元分析计算，网格的质量关系到最终结果。采用曲率算法对模型中油孔、倒角等进行网格划分；采用临近算法对缸壁、活塞杆等薄弱部分进行网格划分。

液压油缸边界条件由约束、接触、负载三部分构成。油缸底部与固定座连接，设置底部固定约束。活塞杆与液压缸缸套为摩擦接触，摩擦系数为 0.1。负载为活塞杆头受到滑轮底座压力 P_1 及油腔内液压压力 P_2。活塞杆头所受最大压力 $P_{1\max}$ 可表示为

$$P_{1\max} = \frac{F_{\max}}{S_1} \tag{5.30}$$

式中：S_1 为活塞杆顶端面积，可表示为

$$S_1 = \frac{\pi}{4}(d_1 + 2k_1)^2 \tag{5.31}$$

将数据代入式（5.30）可得 $P_{1\max} = 10.91$ MPa，并将其设置为均布载荷。

油腔最大液压压力可表示为

$$P_{2\max} = \frac{2F_{\max}}{Sn_{cm}} \tag{5.32}$$

将数据代入式（5.32）可得 $P_{2\max} = 21.62\text{ MPa}$，设定压力作用在液压腔内表面，均布载荷。

按照求得数据完成边界条件设置，进行有限元分析计算，并根据计算所得结果绘制液压油缸应力、应变云图，分别如图 5.5 和图 5.6 所示。

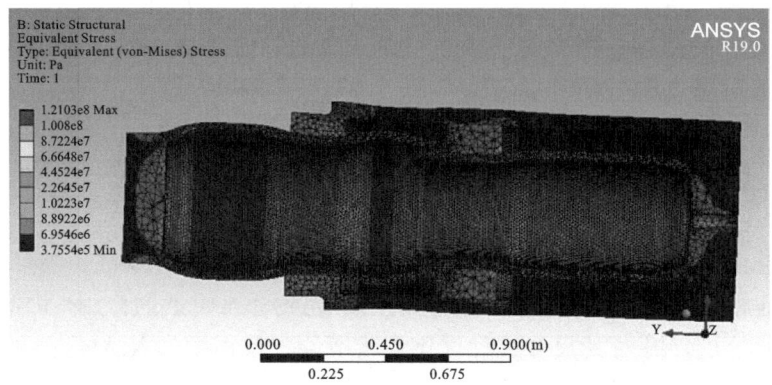

图 5.5　液压油缸应力云图

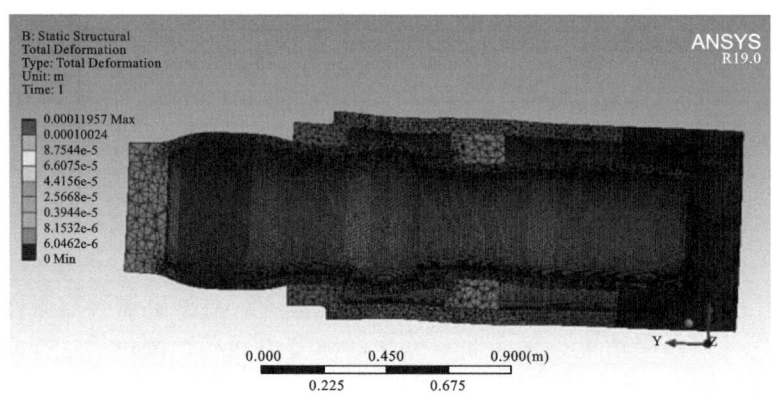

图 5.6　液压油缸应变云图

根据对液压油缸的有限元分析可以得出，液压油缸所受最大应力为 121 MPa，最大应变为 0.12 mm。分别将最大应力、应变代入式（5.28）和式（5.29），可知油缸最大应力、应变均符合设计需求。

5.3.2　储能器有限元分析

蓄能器在科考船绞车系统中能够起到缓冲的作用，其最大应力 δ_b 应符合：

$$\delta_b \leqslant \frac{\sigma_b}{n_b} \tag{5.33}$$

式中：σ_b 为蓄能器屈服强度，取 355 MPa；n_b 为安全系数，取 2。

蓄能器最大应变 ε_b 应符合：

$$\varepsilon_b \leqslant \frac{D_b}{1\,000} \tag{5.34}$$

式中：D_b 为蓄能器内径。

蓄能器网格划分与液压油缸类似，设置边界条件也分为约束、接触及负载。蓄能器底部固定，施加固定约束。活塞与蓄能器接触为摩擦接触，蓄能器所受最大液压压力已求出，为 15.332 MPa。

根据边界条件设置，对蓄能器进行有限元分析，得到蓄能器应力、应变云图分别如图 5.7 和图 5.8 所示。

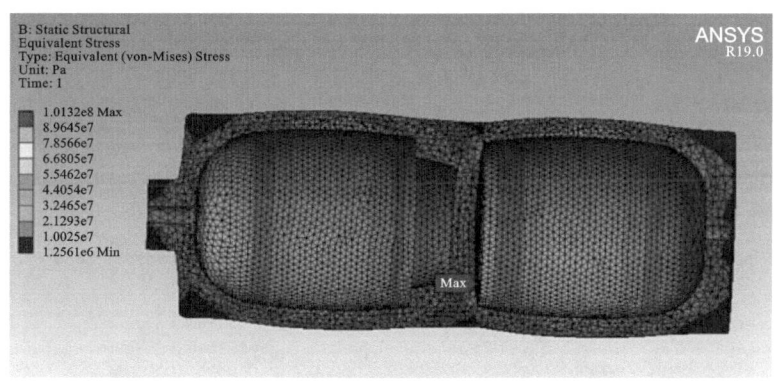

图 5.7　蓄能器应力云图

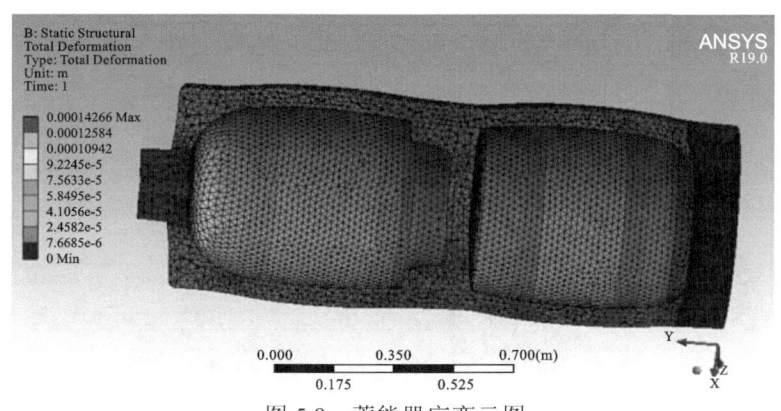

图 5.8　蓄能器应变云图

根据对蓄能器有限元分析可以得出，蓄能器所受最大应力为 101 MPa，最大应变为 0.14 mm。分别将蓄能器最大应力、应变代入式（5.33）和式（5.34），可知蓄能器最大应力、应变均符合设计需求。

5.3.3 储缆绞车及滑轮有限元分析

滑轮和绞车卷筒在科考绞车系统中能够引导缆绳、传递拉力。与液压油缸和蓄能器不同,卷筒和滑轮无须考虑液压问题。若其最大应力不超过材料屈服强度的 3/4,则认为其强度符合要求;若其形变不超过 1 mm,则认为其设计符合系统要求。

绞车卷筒的边界条件包括约束和负载两部分,在其与转轴的接触表面设置圆周约束。卷筒负载主要是缆绳缠绕产生的径向压力,假设径向压力均匀分布,径向均布载荷 P_r 可表示为

$$P_r = \frac{2F}{D_r S} \tag{5.35}$$

式中:$D_r S$ 为每一环绳槽表面积。

当缆绳多层缠绕时,卷筒受到径向压力 P_{rn} 可表示为

$$P_{rn} = A_n P_r \tag{5.36}$$

式中:A_n 为多层缠绕系数,当缆绳层数为两层时,A_n=1.4。

根据上述信息设定边界条件,对绞车卷筒进行有限元分析,并绘制绞车卷筒应力、应变云图如图 5.9 和图 5.10 所示。

图 5.9 绞车卷筒应力云图

图 5.10 绞车卷筒应变云图

从图 5.9 和图 5.10 中可以看出,储缆绞车卷筒的最大应力为 49 MPa,最大应变为 0.14 mm。所选卷筒材料为铸钢 ZG270-500,屈服强度为 270 MPa,因此卷筒符合设计要求。此外通过卷筒应力云图可以看出绳槽应力较大,应对绳槽表面进行强化。

在绞车系统及缆松弛补偿器中的应用滑轮,选用 Q355 钢,屈服强度为 355 MPa。滑轮的边界条件与绞车卷筒相同,为约束和负载。因此在轮毂内表面添加圆周约束,负载为缆绳压力,设压力在接触面均匀分布,最大压力 P_{Lmax} 可表示为

$$P_{Lmax} = \frac{2F_{max}}{S_L} \quad (5.37)$$

使中:S_L 为滑轮与缆绳接触面积,此处为绳槽表面积的一半。将数据代入式(5.37)可得 $P_{Lmax} = 14.35$ MPa。

按照上述边界条件,对活塞杆顶端滑轮进行有限元分析,滑轮应力、应变云图如图 5.11 和图 5.12 所示。

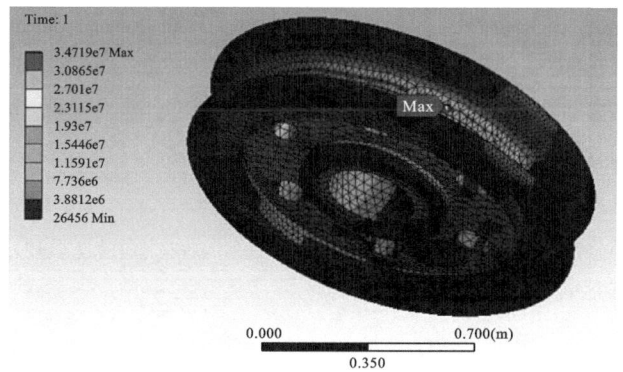

图 5.11 滑轮应力云图

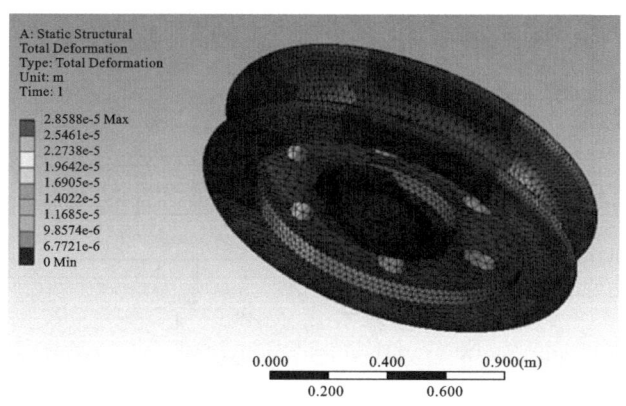

图 5.12 滑轮应变云图

从图 5.11 和图 5.12 中可以看出,滑轮最大应力为 32 MPa,最大应变为 0.03 mm,因此滑轮符合设计要求。此外,绳槽部分受力最大,出现磨损可单独更换轮缘,符合设计要求。

5.4 缆松弛补偿器系统仿真分析

基于缆松弛补偿器相关元件的选型计算,利用 AMESim 软件中的液压库、液压设计库、信号库及机械库等对缆松弛补偿器液压系统进行建模仿真,并对补偿系统的效果进行多角度分析研究。

5.4.1 液压系统建模仿真

根据缆松弛补偿器液压系统工作原理及缆松补偿器液压系统参数(表 5.4),利用 AMESim 元件库,将缆松弛补偿器模块的其他元件也进行建模仿真,最后建立科考船绞车系统缆松弛补偿器液压系统仿真模型,如图 5.13 所示。

表 5.4 缆松弛补偿器液压系统参数表

参数	数值
活塞杆直径/总长/mm	90/1 100
液压缸直径/总长/mm	132/2 000
活塞杆行程/mm	600
蓄能器容积/L	10
蓄能器充气压力/bar	48
液压泵转速/(r/min)	1 475
液压泵排量/(mL/r)	8

注:1 bar = 100 kPa。

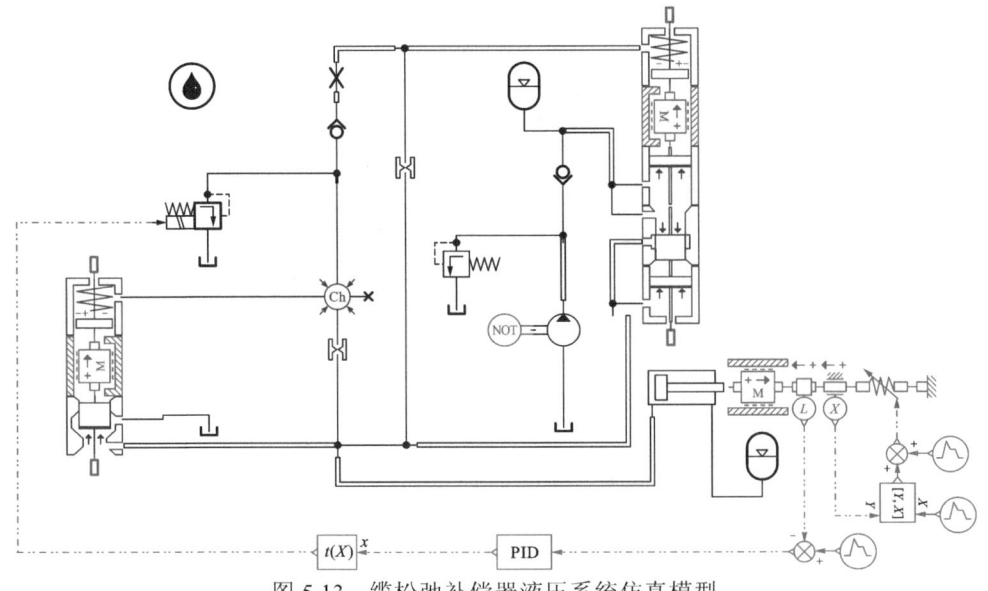

图 5.13 缆松弛补偿器液压系统仿真模型

按表 5.4 中所列数据设定好参数后，对系统其他元件的初值进行设定。初始时刻，缆绳上没有扰动，液压缸处于左位。设定初始值后，对其进行仿真。

5.4.2 仿真结果分析

1. 不同初始张力下补偿效果分析

1）缆绳张力 160 kN 仿真情况分析

根据已建立的缆松弛补偿器液压系统仿真模型，对系统的运行效果进行仿真，仿真时间 100 s，要求缆绳张力达到最大 160 kN。100 s 内缆绳张力变化情况如图 5.14 所示。

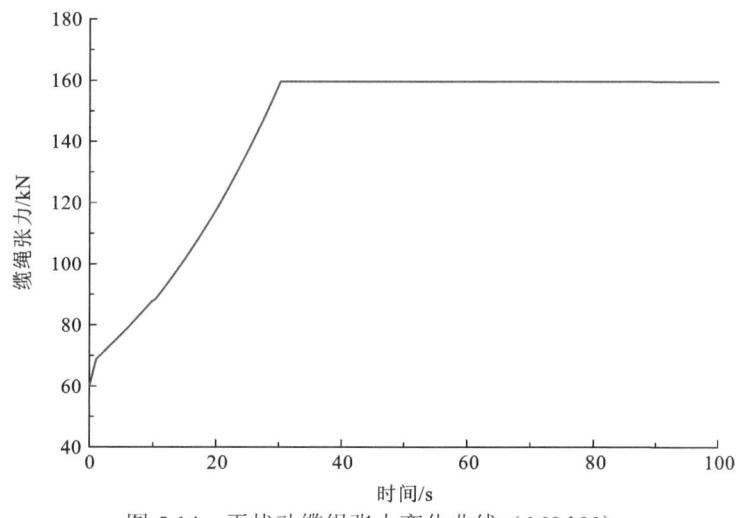

图 5.14 无扰动缆绳张力变化曲线（160 kN）

如图 5.14 所示，仿真初始阶段，变刚度弹簧有一定压缩量，此时模拟的缆绳张力最小，为 60 kN；由于要求张力达到 160 kN，活塞向右移动，缆绳张力逐渐增加；在第 30 s 左右，张力达到 160 kN 要求，并在 PID 控制器作用下，稳定在 160 kN 左右，液压系统达到平衡。

100 s 内液压缸活塞的位移变化曲线如图 5.15 所示。仿真初始阶段，活塞位移为 0。在无外界扰动的情况下，受缆绳张力作用，活塞向右移动 330 mm 左右，此时缆绳张力达到要求设定值，液压油缸在此位置达到平衡。

在 100 s 时，改变分段线性信号，模拟缆绳在此刻受到外界干扰，缆绳张力突然增加的情况下，得到缆绳张力变化曲线如图 5.16 所示。从图 5.16 中可以看出，在 100 s 时缆绳张力突然增加到 165 kN 左右，在补偿器系统控制的作用下，缆绳张力在 1 s 内便恢复到系统的要求设定范围内。根据仿真结果可以看出，此液压系统仿真模型在负载最大的情况下，即使外力突然作用在缆绳上使缆绳张力变化，系统也能迅速作用，将缆绳张力控制在设定要求范围内。

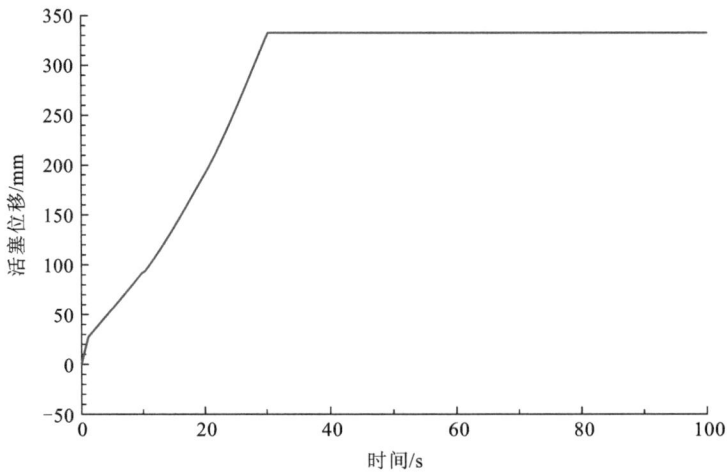

图 5.15　无扰动活塞位移变化曲线（160 kN）

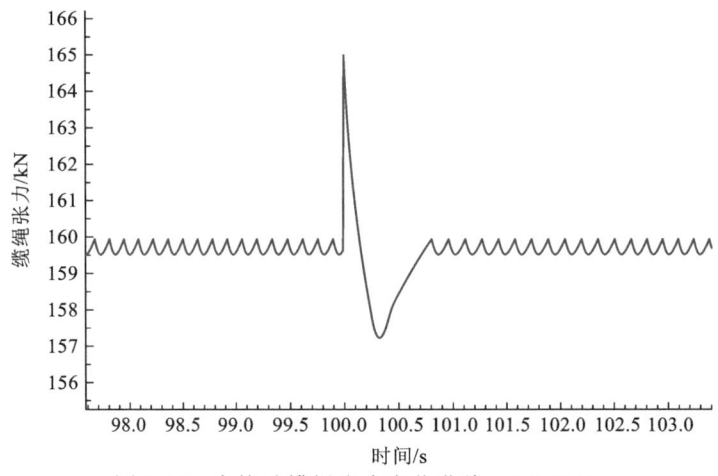

图 5.16　有扰动缆绳张力变化曲线（165 kN）

图 5.17 为在 100 s 时缆绳张力突增情况下活塞的位移变化曲线。可以看出，在 100 s 时缆绳张力突然增加，液压缸内活塞左侧作用力小于右侧，推动活塞向左移动，缆绳上的张力逐渐减小。当活塞移动到 315 mm 左右时，液压缸内活塞左右两侧压力基本持平，液压缸也达到新的平衡，位移减小的趋势也符合理论分析的结果，说明缆松弛补偿器确实能够起到张力补偿的效果。

2）缆绳张力 5 kN 仿真情况分析

在分析了缆绳张力最大值的情况后，对缆绳张力极小值进行仿真分析。图 5.18 为无外界扰动情况下系统设定缆绳张力达到 5 kN 的缆绳张力变化曲线。

从图 5.18 中可以看出，仿真初始阶段，变刚度弹簧有一定压缩量，缆绳张力最小，为 500 N 左右，由于要求张力达到设定值，活塞向右移动，在 20 s 左右，缆绳张力达到 5 kN 左右，在控制系统作用下趋于稳定。

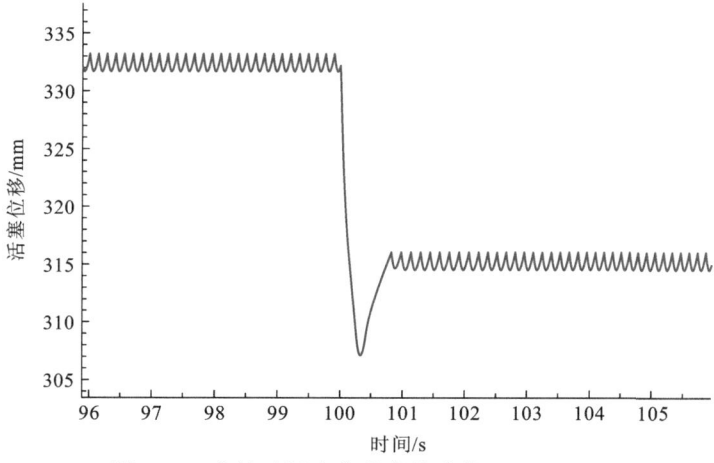

图 5.17 有扰动活塞位移变化曲线（165 kN）

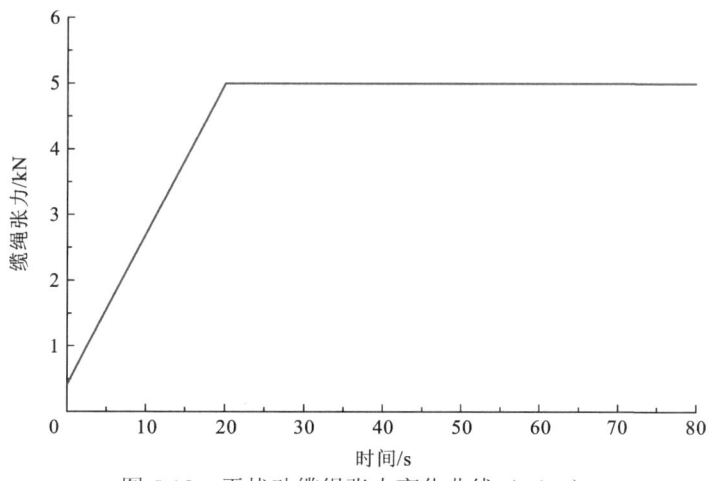

图 5.18 无扰动缆绳张力变化曲线（5 kN）

图 5.19 为无扰动下缆绳张力达到 5 kN 活塞位移的变化曲线。从图中可以看出：初始时刻，活塞位于最左侧；从 0 开始，随着缆绳张力逐渐增加，活塞向右移动；在 20 s 左右，张力达到设定值，活塞移动至 570 mm 左右后停止移动，液压系统趋于稳定。

在 40 s 时，模拟扰动，将缆绳张力突增至 20 kN，得到缆绳张力变化曲线如图 5.20 所示。从图中可以看出，在 40 s 时，缆绳张力突增至 20 kN，在补偿器系统作用下，缆绳张力迅速在几秒内下降至 5 kN 左右，并趋于稳定，系统恢复平衡。

图 5.21 为缆绳张力突增时活塞位移变化曲线。从图中可以看出：在 40 s 时，随着张力突然增加，液压缸活塞两侧产生压差，推动活塞向左移动；待活塞移动到 100 mm 左右，活塞两侧压差基本相同，缆绳张力恢复至 5 kN 左右，系统再次达到平衡。

根据对缆绳张力在极小值情况下的仿真可以看出，缆松弛补偿器在缆绳张力突变情况下，可以在几秒钟之内快速动作，对张力进行补偿，补偿效果良好，系统能够很快恢复稳定。

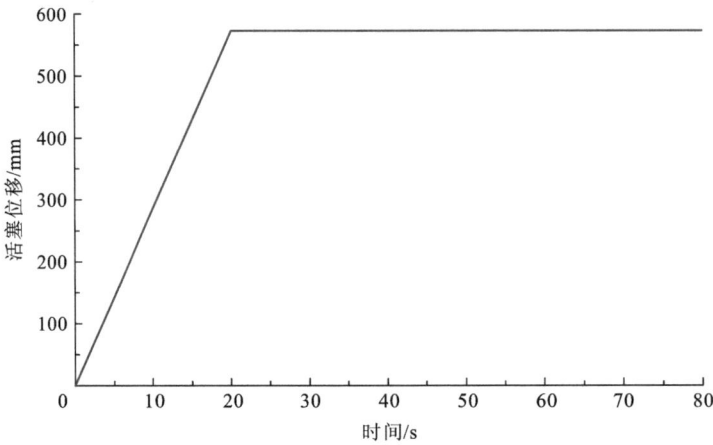

图 5.19　无扰动活塞位移变化曲线（5 kN）

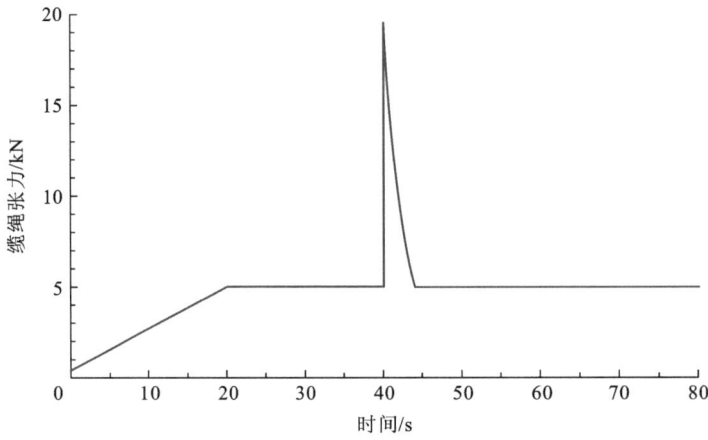

图 5.20　有扰动缆绳张力变化曲线（20 kN）

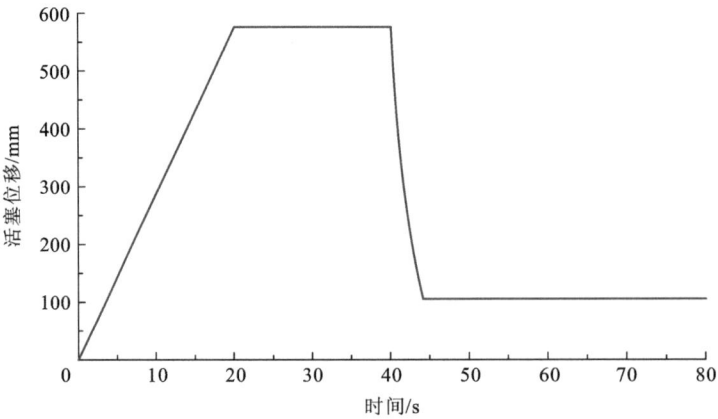

图 5.21　有扰动活塞位移变化曲线（20 kN）

3）缆绳张力 40 kN 仿真情况分析

在对缆绳张力在极大极小情况下进行仿真分析后，对缆绳张力处于中等情况下进行仿真分析。图 5.22 所示为无扰动情况下，设定缆绳张力达到 40 kN 时的缆绳张力变化曲线。从图中可以看出：仿真初始阶段，变刚度弹簧有一定压缩量，缆绳张力最小为 4 kN 左右；按照系统设定要求，活塞向右移动，缆绳张力逐渐增加；在 16 s 左右，张力达到 40 kN 的系统设定值，并在控制系统作用下趋于稳定。

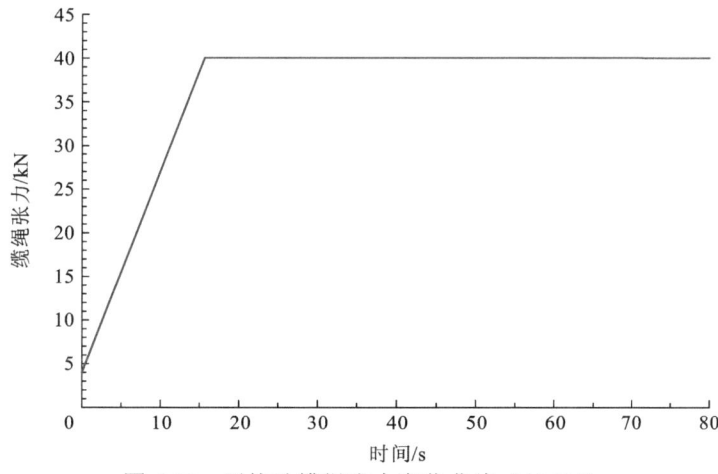

图 5.22　无扰动缆绳张力变化曲线（40 kN）

图 5.23 为无扰动下缆绳张力达到 40 kN 过程活塞位移的变化曲线。从图中可以看出：随着缆绳张力逐渐增加，活塞向右移动；在 16 s 左右，缆绳张力达到要求，活塞在达到 450 mm 左右停止移动，系统达到稳定。

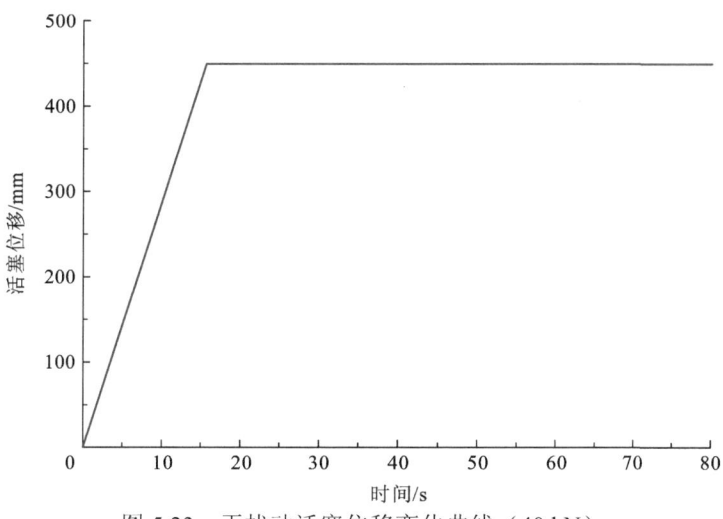

图 5.23　无扰动活塞位移变化曲线（40 kN）

在 40 s 时，模拟扰动，将缆绳张力突增至 50 kN。得到缆绳张力变化曲线如图 5.24 所示。从图中可以看出：在 40 s 时，缆绳张力突增至 50 kN，缆松弛补偿器系统动作，在 4 s 内将缆绳张力恢复至 40 kN，达到系统要求，系统再次恢复稳定。

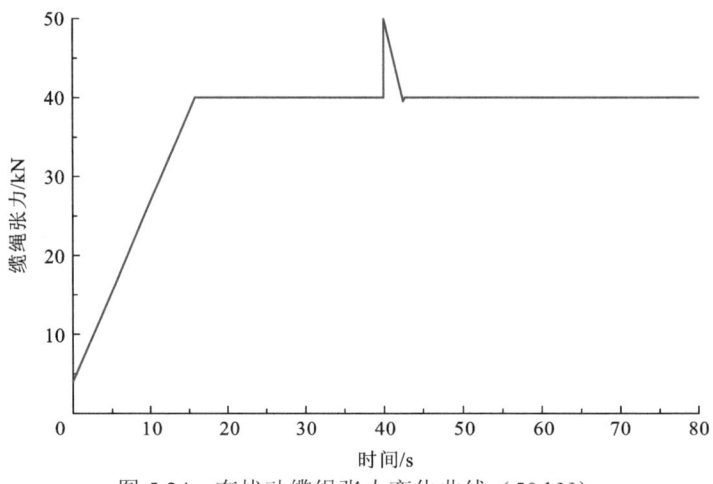

图 5.24　有扰动缆绳张力变化曲线（50 kN）

图 5.25 为缆绳张力突增情况下活塞位移变化曲线。可以看出：40 s 时缆绳张力突然增加，活塞右侧压力大于左侧，推动活塞向左移动至 230 mm 左右，此时液压缸活塞两侧压力趋近相同，缆绳张力恢复至 40 kN，系统达到稳定状态。

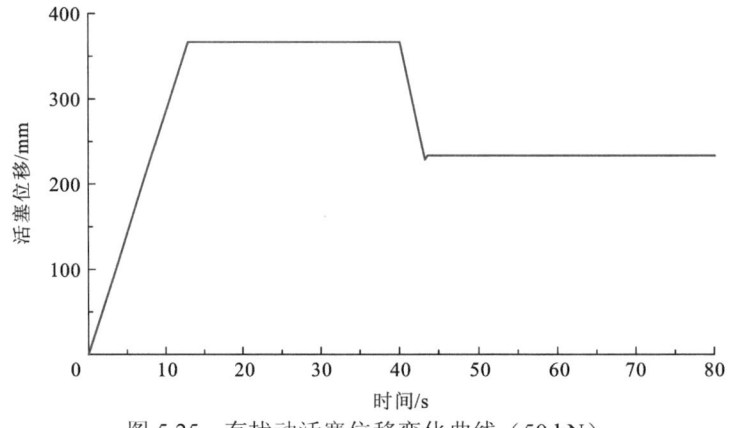

图 5.25　有扰动活塞位移变化曲线（50 kN）

从对缆绳张力在中等水平情况下的仿真中可以看出，缆松弛补偿器在缆绳张力突变情况下，可以在几秒钟之内快速动作，对张力进行补偿，补偿效果良好，系统能够很快恢复稳定。

2. 液压泵对补偿器补偿效果的影响分析

根据搭建的缆松弛补偿器液压系统模型，可以对补偿器部分元件对补偿效果的影响进行分析。液压泵是绞车系统缆松弛补偿器的主要供能元件,在对液压泵选型计算中得出液压泵排量为 8 ml/r,因此设计在增大液压泵排量 2 倍或 3 倍情况下,对缆松弛补偿器对缆绳张力的补偿效果进行仿真分析。

设定仿真时间为 90 s,缆绳张力设定值为 80 kN,得到不同液压泵排量下缆绳张力变化曲线如图 5.26 所示。从图中可以看出:在缆绳张力达到设定之后,40 s 时缆绳张力突然减小,当液压泵排量为 8 ml/r,张力突变过程明显,缆松弛补偿器迅速动作,在 1 s 左右的时间内,迅速提高缆绳张力,使系统恢复稳定;当液压泵排量为 16 ml/r 和 24 ml/r 时,缆绳张力突变效果不明显,张力降低程度很小,即不能对系统要求的缆绳张力设定值进行补偿。

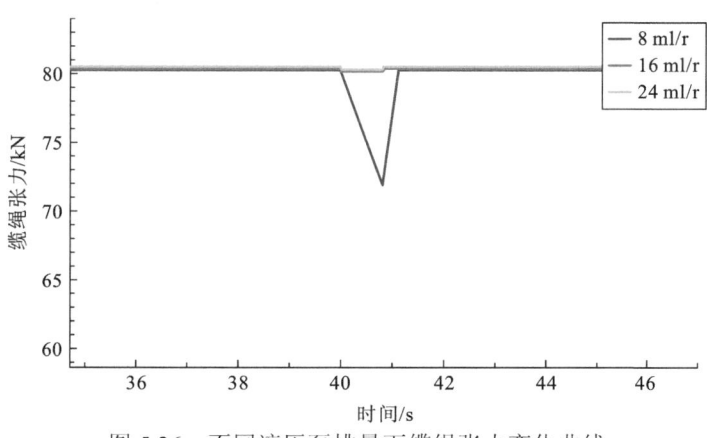

图 5.26 不同液压泵排量下缆绳张力变化曲线

从图 5.26 的仿真结果可以看出,在液压泵排量增加的情况下,系统仍具备一些补偿能力,但仅增加液压泵排量或数量,系统的工作压力不变,液压油缸材料尺寸不变,活塞杆的推力受到限制,因此不能在全范围内对缆绳张力进行补偿。

3. 蓄能器对补偿器补偿效果的影响分析

蓄能器是液压绞车系统的重要组成部分,能够吸收冲击力,且本身不耗能。以蓄能器为例,分析其对补偿效果的影响。

设计的蓄能器体积为 10 L,分别对系统接入 10 L 蓄能器和 50 L 蓄能器进行仿真,并对其补偿效果进行对比,得到缆绳张力变化曲线如图 5.27 所示。在其他条件相同的情况下,在 40 s 时,缆绳张力突然从 80 kN 减小至 70 kN,从图中可以看出:采用 10 L 蓄能器,缆绳张力能够达到 70 kN,并在补偿器作用下,在几秒钟内恢复至 80 kN;采用 50 L 蓄能器,缆绳张力减小程度明显不如 10 L 蓄能器,而且在补偿时间方面,二者几乎相同。由此可见,增大蓄能器体积并不能有效改善绞车系统缆松弛补偿器的补偿效果。

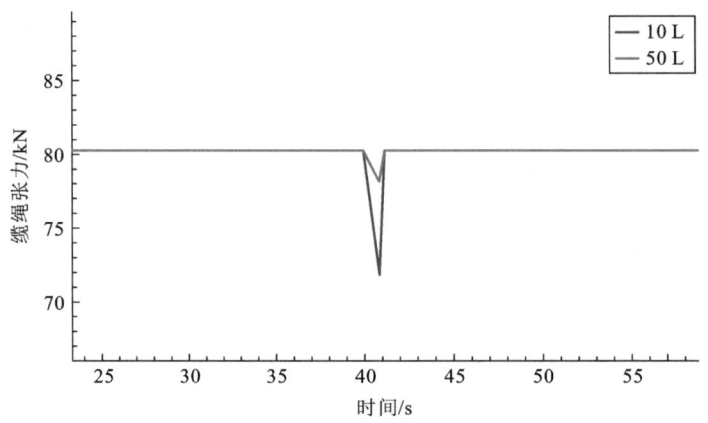

图 5.27　不同蓄能器体积缆绳张力变化曲线

本章设计一种最大负载可达到 160 kN 的科考船绞车系统缆松弛补偿器和配套的液压系统，用于解决牵引绞车与储缆绞车缆绳不同步造成的张力突变问题。对于科考船绞车系统缆松弛补偿器设计与仿真的研究，首先对缆松弛补偿器系统补偿方案进行设计，并对系统的控制方案进行设计；再进一步对绞车系统及缆松弛补偿器液压系统的重要部件进行选型计算，进而确定缆松弛补偿器整体结构，并对其重要部件进行强度校核分析计算；最后，利用 AMESim 软件对缆松弛补偿器液压系统进行仿真，并根据仿真模型分别从不同初始张力、液压泵及蓄能器三个角度对缆松弛补偿器的补偿效果进行分析。

第 6 章

科考船绞车系统缆绳试验与应用

随着海洋科考逐步从近岸走向远洋，科考船作业深度也越来越深，与此相对应的深海科考船绞车系统的缆绳也越来越长，目前卷筒容绳量已超过 13 000 m。如果全海深地质绞车系统采用传统的钢缆将会导致缆绳自重过大，因此，为了减少系统的工作载荷，采用在水中重量轻（几乎没有重量）的合成纤维缆。本章主要针对科考船全海深地质绞车系统用的合成纤维缆开展相关拉伸试验研究，同时研究采用合成纤维缆的全海深地质绞车系统收放缆过程及动力行为，从而确保全海深地质绞车系统安全可靠作业。

6.1 科考船绞车系统合成纤维缆试验

对于科考船绞车及其他常见各类海洋工程装备，在其设计阶段应预先确认所用合成纤维缆的各项性能是否满足设计要求。然而，由于合成纤维材料的黏弹性及不同尺寸、材料、编织结构的合成纤维缆的拉伸特性存在较大差异，通常难以直接通过理论推断出完整缆绳的各项特性。因此，常常通过对所用原型缆直接进行试验测量来确定其性能参数。本节主要针对常见合成纤维缆拉伸试验的有关内容，介绍缆绳尺寸、密度、伸长率，以及各项强度的测量方法。

6.1.1 试验准备

1. 试验大纲

在开展试验前应首先确定试验目标与试验计划，并制订相应的试验大纲。在大纲中应首先确定测试时与缆绳相关的各项信息，包括以下几点。

（1）材料、尺寸、编织方法等基本信息；
（2）结构、截面示意图及照片等图片信息；
（3）环境温度，以及缆绳是否干燥；
（4）末端连接方式，预估的破断强度等。

不同合成纤维材料的特性各不相同，如聚酯和芳纶具有较高的蠕变抗性，高分子量聚乙烯的抗蠕变性则较差，而不同缆绳在不同设备系统中所受的工作载荷也存在一定差异，在试验大纲中应当明确将要进行的测试项目及其意义。除外观、尺寸、重量、破断载荷大小测量外，常见的拉伸试验还有动刚度试验、疲劳试验、蠕变试验、磨损试验等。在针对工程应用选取试验项目时，应根据所选缆绳的材料特性尽可能涵盖可能遇到的各种工况，并且应根据实际设定允许出现剩余强度或伸长率的范围。

2. 试验设备

1）拉伸机

缆绳的拉伸试验均在拉伸机上完成，如图 6.1 所示。为了避免合成纤维缆的尺寸与结构对其拉伸特性产生的影响，应尽量选取实际直径尺寸的合成纤维缆原型缆进行拉伸试验。缆绳通过两端的接头与拉伸机连接，载荷通过拉伸机两端的相对位移施加。对于试验缆绳与拉伸机的连接方式，常见的有编织类插头、机械夹角类插头及绳结连接等。无论在实际使用中还是在试验中，缆绳的强度都与插头的设计和其使用技术高度相关，选取合适、高效的插头对缆绳整体强度有着重要意义。在合成纤维缆的拉伸试验中，为了避免出现金属夹具带来的应力集中或绳结滑移、松脱等问题，通常在试验原型缆两端编织连接眼环,将样段与拉伸机的栓柱连接,如图 6.2 所示。

图 6.1　缆绳试样与拉伸机

图 6.2　眼环与拉伸机栓柱

拉伸机的测量长度必须足以包含样段与其插头,且能使样段中部远离插头拼接的部分留有足够的长度。根据国际缆绳协会标准《纤维缆的试验方法》(CI 1500-02, test methods for fiber rope)[12],对于直径小于 16 mm 的缆绳,其中段不受干扰的长度应不少于 300 mm,而对于较大的缆绳,这一长度应至少是直径的 20 倍。对于直径较大的缆绳,若无法达到这一要求长度,则应该在试验报告中注明。

拉伸机施加载荷时,应能使缆绳的张力不间断地匀速变化,且能自动记录时间与载荷大小。对于拉伸机施加载荷的精度，《纤维缆的试验方法》（CI 1500-02）[12]中规定应当满足其达到最大荷载的 20%时误差在±1%以内。

2）伸长率测量设备

拉伸机通常兼具记录载荷与样段伸长量的功能。除拉伸机外，伸长率也可通过引伸计等设备进行测量。当采用这种方法时，需在缆绳样段中部未受插头影响的位置设置一段测量长度。常用的方法是用胶带在样段上缠绕，以避免标记对缆绳结构的影响并能防止标记滑移。由于合成纤维缆未受力时呈松软状态，设置测量段通常在缆绳受 2%最小破断载荷（minimum break load，MBL）时进行。

3. 缆绳样段状态

除特殊情况外，合成纤维缆试验样段应是实际缆绳的全尺寸模型，其直径、插头方式、结构等都应与原型缆绳相同，以确保试验结果准确可靠。

合成纤维缆的内部摩擦产生的热量会对缆绳强度产生一定影响，特别是针对滑轮弯曲试验，缆绳在测试时应尽可能通过水淋等方式降温。如在疲劳与蠕变试验时，还应保证室温与缆绳温度不出现大幅变化；而在线密度测量时，应保持缆绳干燥。

在进行拉伸试验时，对于带有外层护套的缆绳，应在确保护套与核心不会出现滑移的情况下保留护套。若有出现滑移的可能，则应去除护套后设置测量段的标记。在重量测试中，护套则应全程保留。

6.1.2 试验过程

1. 预拉磨合过程

当试验中采用新制成的缆绳作为样段时，由于新缆绳内部各结构尚不稳定，在首次受拉时整体会出现较大的不可回复伸长，对试验结果将造成较大影响。对于这种情况，在缆绳进行各个试验过程前应进行统一的磨合过程，使新缆绳内部的绳股、纺线充分磨合并填充内部的间隙。国际标准化组织（International Organization for Standardization，ISO）[13]与法国船级社（Bureau Veritas，BV）[14]等标准和指南规范介绍的磨合流程如下。

（1）装载缆绳，将其张力设为 2% MBL，此时可在缆绳样段上设置标记与测量段。

（2）将张力增大至 50% MBL，并保持 30 min。

（3）将张力降低至 10% MBL 后，对样段施加循环载荷，载荷范围为 10%～30% MBL，循环周次为 100 次。

（4）卸载至 2% MBL，完成磨合。

以上过程中，各目标值可根据绞车设备的设计工况做具体调整。对于 MBL 尚不明确的缆绳，可将其设为预估的破断载荷大小。

2. 长度重量测量

由于缆绳在不同张力下的伸长量不尽相同,通常通过单位长度重量表示缆绳的重量[15]。ISO[13]与BV[14]给出了三种张力下的长度重量测量方法,具体如下。

(1) 首先进行磨合。在首次加载2% MBL时标定测量段长度,记为LR_0。此后加载至20% MBL并保持5 min。在15%~25% MBL完成100次循环载荷,之后测量此时标记间长度,记为LR_{20}。

(2) 完成磨合后卸载至2% MBL,测量此时的标记间距离为LR_2。

(3) 从标记处切断缆绳并称重MR,确保切面与缆绳轴向垂直。

(4) 计算线三种长度重量,分别为$LD_i = MR/LR_i$, $i = 0, 2, 20$。

《纤维缆的试验方法》(CI 1500-02)中给出了采用参考张力的线密度测量方法,其在试样受到参考张力时切断测量标记间长度。参考张力的计算方法为

$$T_{\text{Ref}} = 0.35D^2 \tag{6.1}$$

式中:D为公称直径,mm。

3. 最小破断强度

最小破断强度,即合成纤维缆可承受的最大静载荷,其测量过程是使新绳磨合后将张力逐渐增大至破断并记录破断时的载荷大小,该值应不小于标称强度。需要注意的是,在破断过程中应保持载荷匀速缓慢增大且不中断。此外,若破断位置出现在缆绳插头处,此次测量结果无效,应改进插头性能后并重新选取样段测量。

4. 循环载荷试验

1) 动刚度试验

缆绳在海上处于工作状态时,将长时间受到周期性的波浪荷载与船体运动影响。然而,合成纤维缆的伸长率同时与其本身材质、受到的轴向载荷大小、历程有关,因此这一非线性刚度特性为水下作业带来了一定影响。循环载荷试验是通过拉伸机自由端的简谐运动来模拟工作环境中的动载荷,其工况包含的要素主要有载荷均值、载荷幅值、循环周次等。同样地,在针对循环设计试验工况时,应充分考虑实际应用中的常规工况及可能出现的极端工况。

在测量合成纤维缆绳的轴向动刚度时,在记录下各时刻的张力与对应的伸长量后,应提取每次循环中的张力峰值与谷值及对应的伸长峰值与谷值,并通过式(6.2)计算每次循环时的动刚度[16]:

$$K_r = \frac{(T_p - T_t)/\text{MBL}}{\varepsilon_p - \varepsilon_t} \tag{6.2}$$

式中:T、ε分别为张力和应变;下标p和t分别代表峰值和谷值;MBL为试验实测的最小破断载荷。

通常采用经验公式对合成纤维缆动刚度进行描述。本章通过试验拟合出一种 HMPE 缆的动刚度公式：

$$K_r = \alpha + \beta T_m / (\%MBL) - \gamma T_a / (\%MBL) - \delta N^{-1/2} \tag{6.3}$$

式中：T_m、T_a、N 分别为循环载荷均值、幅值与循环次数；α 为缆绳刚度的基础大小；β、γ、δ 分别为均值、幅值、周期的影响系数。试验测定了三种 HMPE 缆绳，分别为科考绞车系统可采用的 24 mm，1×12 编织与 2×12 编织结构缆绳及小尺寸的 5.5 mm 1×12 编织缆绳。系数 α，β，γ，δ 的取值可参考表 6.1。

表 6.1　HMPE 缆绳动刚度系数

缆绳	α	β	γ	δ
24 mm，1×12 编织	58.27	0.63	0.67	14.7
24 mm，2×12 编织	64.07	0.51	0.83	13.2
5.5 mm，1×12 编织	52.84	0.57	1.23	12.4

图 6.3 给出了试验中三种载荷下的动刚度结果，试验工况见表 6.2。由图 6.3 可以看出，HMPE 缆绳的动刚度随载荷均值增大而增加，随幅值增大而减小，且随着载荷周次的增加而逐渐趋于稳定，而直径较大的缆绳的动刚度相比小尺寸更大。通过相对误差 Err 可以看出，本章所采用的经验公式对描述动刚度的演化过程与最终稳定大小都有较好的一致性。对于其他尺寸或结构与当前试验相差较大的 HMPE 缆绳，可进行全尺寸试验后，通过试验结果对公式中的系数做进一步校正。

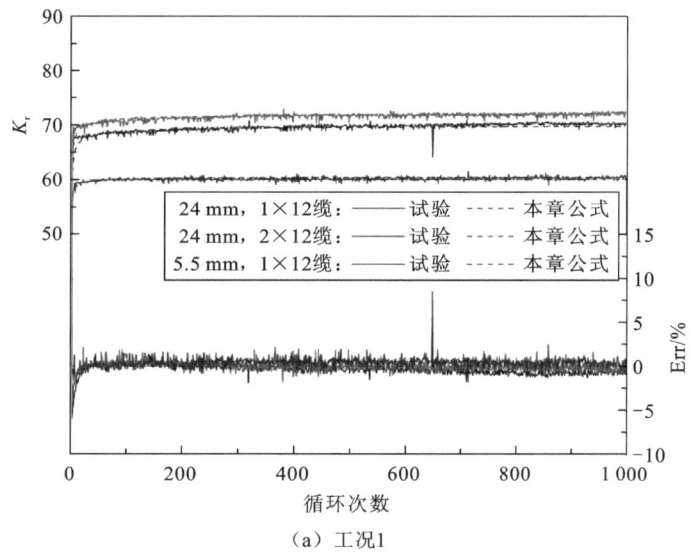

(a) 工况1

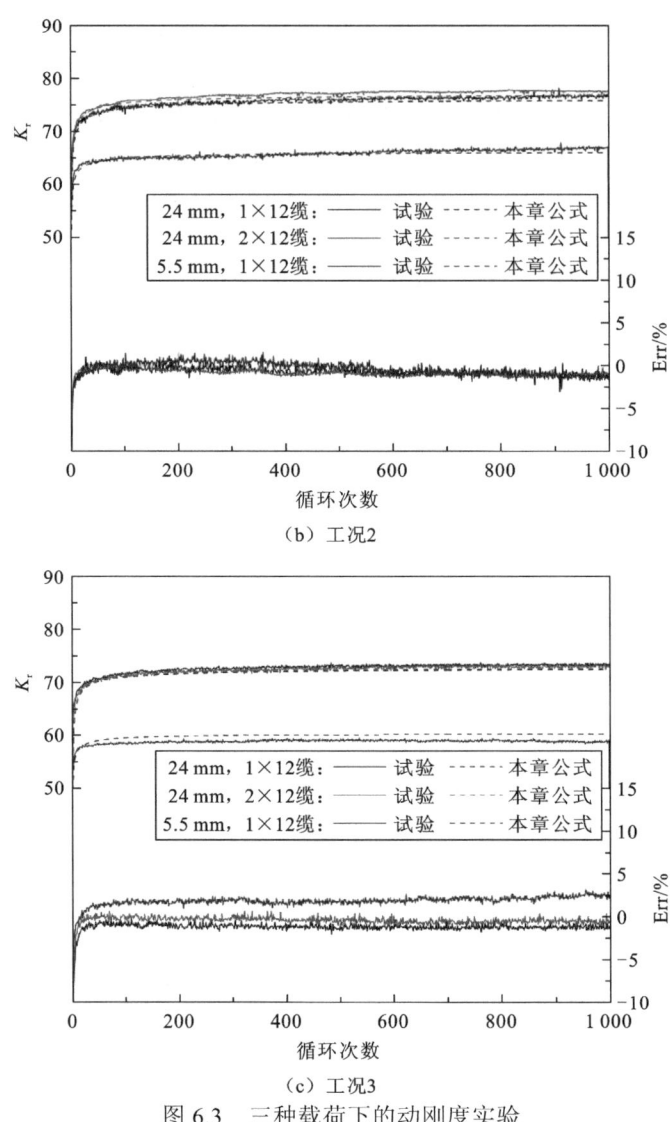

（b）工况2

（c）工况3

图 6.3 三种载荷下的动刚度实验

表 6.2 HMPE 缆绳动刚度试验工况

工况	载荷均值	载荷幅值	循环次数
1	24.2% MBL	4.9% MBL	1 000
2	34.0% MBL	4.9% MBL	1 000
3	34.0% MBL	9.7% MBL	1 000

2）疲劳试验

为了避免缆绳疲劳破断对设备安全造成影响，缆绳在动载荷下的疲劳寿命同样是科考船绞车系统设计与工作阶段需要关注的重点。为了避免进行长时间的拉伸疲劳试验，应尽量避免合成纤维缆插头部分的磨损。当采用编织眼环作为插头时，常用耐磨性较好的材质作为衬垫包裹在拉伸机栓柱与眼环接触的部分，如聚酯、HMPE、尼龙制成的帆布等。衬垫的尺寸应保证能够支撑缆绳接触面受拉变平后的面积。此外，试验报告中也应记录保护眼环受磨损的具体方式，以便在实际使用中采取相同的防护。

挪威船级社（Det Norske Veritas，DNV）[17-18]给出了聚酯缆的参考 R-N（张力变化范围与最小破断载荷之比-达到破断失效时的循环周次）特征曲线：

$$\lg(n_c R) = \lg a_D - m\lg R \tag{6.4}$$

式中：n_c 为预计破断寿命；系数 a_D 与 m 分别取 0.259 与 13.46。

针对 HMPE 缆绳，目前也有部分学者对其疲劳寿命进行了研究，其结果均表明缆绳拉伸疲劳寿命会随着动载荷的均值、幅值、周期的增大而减小。本章通过全尺寸试验重点研究缆绳结构及载荷周期对疲劳寿命的影响，具体试验工况和试验结果见表 6.3。

表 6.3 HMPE 缆绳拉伸疲劳试验工况和试验结果

工况	缆绳	均值	幅值	周期/s	循环次数
1	24 mm，1×12 编织	73.62% MBL	9.82% MBL	3.78	6 945
2	24 mm，2×12 编织	72.22% MBL	9.63% MBL	3.85	18 433
3	24 mm，1×12 编织	73.62% MBL	9.82% MBL	11.28	1 810
4	24 mm，2×12 编织	72.22% MBL	9.63% MBL	13.14	6 578

试验结果表明，2×12 编织结构的缆绳总体具有较好的疲劳性能，主要原因与其内部的绳股更多因此结构具有较好的稳定性有关。基于试验结果，本章提出一种考虑载荷周期的疲劳寿命经验公式：

$$\log_n NP = \alpha_t - \beta_t T_m/(\% \text{MBS}) - \gamma_t T_a/(\% \text{MBS}) + e^{-\lambda_t P} \tag{6.5}$$

式中：N、P 分别为循环次数与载荷周期；α_t 为缆绳刚度的基础大小，β_t、γ_t、λ_t 分别为均值、幅值、周期的影响系数，具体取值可参照表 6.4。同样地，对于其他尺寸或结构与当前试验相差较大的缆绳样段，式（6.5）中的系数需通过试验做进一步校正。

表 6.4 HMPE 缆绳拉伸疲劳系数

缆绳	α_t	β_t	γ_t	λ_t
24 mm，1×12 编织	87.634	0.694	0.730	0.019
24 mm，2×12 编织	87.792	0.663	0.817	0.012

5. 蠕变试验

蠕变试验的目的是测试缆绳在长时间受拉后的变形，其主要过程是对完成磨合的缆绳施加长周期的静载荷并记录缆绳的伸长变化。由于多数合成纤维材料的蠕变率不高，在一些规范中，如 DNV、BV 等，蠕变试验仅针对 HMPE 缆绳进行。

蠕变试验的测试周期通常较长。一些学者通过对纺线或小直径的缆绳进行蠕变试验，在微观尺度上得到了纤维蠕变破断机理。而对于平行编织结构的缆绳，可以使用其子缆进行测试。此外，确定断裂伸长率通常比确定断裂时间更有意义，因此可采取一个耗时更短的测试以测量缆绳到达预估伸长率的时长。BV 给出了针对蠕变伸长率的测试方法，即在完成磨合后，将张力设为常量（通常在 33%～50% MBL）并保持 7 天。在试验过程中即可得到相应的时长与伸长率关系。

6. 弯曲疲劳试验

弯曲疲劳试验的目的通常是测试缆绳在滑轮上的耐久性。缆绳在弯曲时，将同时受到内部与外部磨损等因素影响，对其整体强度和寿命造成影响。弯曲疲劳试验是将缆绳缠绕在滑轮后，往复拉动使其不断重复弯曲到拉直的过程。

在进行弯曲疲劳试验时，首先应注意缆绳弯曲时出现的内部热熔，保持对其进行降温是提高缆绳在试验与实际使用中弯曲疲劳寿命的有效方法。带有外层护套的缆绳难以观测其内部核心强度部件的磨损情况，可以进行一次初步试验，在弯曲一定次数后剖开护套以检查内部结构是否出现异常。

7. 耐磨性试验

耐磨性试验是将缆绳直接在固定粗糙面上往复滑动，是针对整体破损情况所进行的试验。粗糙面有钢板、陶瓷、钢丝网、砂纸等材质，可根据使用中的具体情况进行选择。虽然已有部分学者开展了有关试验研究，但由于耐磨性与缆绳的具体使用情况有关，且试验过程难以量化，尚未有统一采用的测试标准。

6.1.3 试验安全

由于合成纤维缆在受拉过程中会储存较大能量，为了防止在试验中缆绳意外破断造成人员与设备的伤害，应重视在试验过程中的安全防护。当采用纱线或绳股等小尺寸试验时，可以只佩戴防护眼镜并保持安全距离。而当试样尺寸增大后，由于其破断载荷较大，需特别注意防护与操作安全。在试验过程中，拉伸机周围不得放置杂物，操作人员与拉伸机保持的距离应不小于试样长度，以防止缆绳破断后产生的鞭打。当采用引伸计或其他测量设备时，应当注意设置防护以避免工况中意外出现的破断对设备造成损伤。

6.2 科考船绞车系统收放缆过程

取样器在下放过程中会受到外界复杂海况条件的影响，同时还会因船体晃动而导致取样器产生偏移。因此，在不同海况、不同固定取样水深条件下的收放缆过程中，偏移问题已经成为海洋科考工程中必须解决的关键问题。

目前,对缆绳水动力的研究大多是采用 OrcaFlex 软件进行仿真分析。本节针对科考船绞车系统收放缆过程开展研究,基于 OrcaFlex 软件,利用 AQWA 水动力计算软件得到相关浮体相应振幅算子(response amplitude operator,RAO)参数,对绞车收放取样器的过程进行模拟仿真。本节研究波浪角、缆绳材料和取样器下放速度等不同因素在 4 500 m 和 6 000 m 水深下收放取样过程中,对绞车缆绳最大受力、取样器偏离情况的影响;同时,研究不同海深和不同海况等级条件下的影响,并将 OrcaFlex 模拟得到的仿真结果与实际海上试验数据进行对比分析。研究结果可以为科考船绞车安全快速收放取样器提供指导。

6.2.1　OrcaFlex 仿真建模

1. 船体系统模型的建立

采用 OrcaFlex 对绞车收放取样器的过程进行建模仿真。首先将通过 AQWA 水动力计算软件得到的相关船体参数导入 OrcaFlex 中进行模型简化,然后通过模块 6D Buoys 建立取样器模型,最后通过绞车将船体和取样器连接。图 6.4 所示为船体-缆绳系统模型,图 6.5 为 A 架和取样器的局部放大图[19-20]。

图 6.4　船体-缆绳系统模型

图 6.5　A 架和取样器局部放大图

考虑科考船收放缆取样的操作环境复杂，不仅受风、海流和波浪的影响，还受上部船体晃动的影响，在仿真中加入波浪角、缆绳材料、取样器下放速度、海洋环境等因素对科考船收放取样器过程的影响，其中海洋环境基本参数见表6.5。

表 6.5　海洋环境基本参数

海况条件	方向	参数
波浪谱	—	JONSWAP 谱
有义波高/m	180°	2
表面流速/（m/s）	180°	0.8
风速/（m/s）	180°	5

2. 缆绳材料

合成纤维缆因其质量小、刚度大、负载大和自由破断长度大等特点，已经取代了传统的钢缆，因此，现有深海地质取样过程的取样缆绳大都采用合成纤维缆。但与传统的钢缆相比，合成纤维缆的力学特性及行为更加复杂，其轴向刚度会随负载的周期和幅值的变化而发生变化。而且随着下放深度的增加，船体运动等外界条件对缆绳的影响也较为复杂。在实际深海应用中，合成纤维缆呈现出非常明显的非线性特征。目前，对合成纤维缆的动刚度研究主要是依据经验公式，以轴向刚度的形式体现。选取合成纤维缆、钢缆和聚酯缆做对比仿真，其轴向刚度见表6.6。

表 6.6　不同缆绳材料的刚度

材料	轴向刚度/kN
合成纤维缆	200×10^3
钢缆	100×10^3
聚酯缆	156.8×10^3

6.2.2　4 500 m 水深收放缆过程

针对 4 500 m 水深的取样过程，分为缆绳释放、取样器入水、完全入水、取样器触底、及时收缆 5 部分进行模拟仿真。根据海试实验当天的海况条件，基本参数见表 6.7。为使仿真数据更具有可信度，结合实验记录，选取绞车收放相关参数进行模拟分析。

表 6.7 4 500 m 水深海试绞车收放参数

参数	方向	数值
有义波高/m	180°	2
表面流速/(m/s)	180°	0.8
风速/(m/s)	180°	5
缆绳下放速度/(m/s)	—	0.5

1. 绞车缆绳张力

在收放缆过程中，绞车缆绳受力情况如图 6.6 所示。入水前，缆绳张力最大；当取样器开始进入水中时，由于排水体积变大，浮力增大，张力不断减小；当取样器完全入水后，浮力达到最大值，缆绳张力会出现一个骤降现象。受波浪影响，之后缆绳的张力会在一定范围内出现波动。在 22 000 s 左右，取样器触碰海床，到达最大深度。此时缆绳张力骤减至 0，然后发生较大幅度的波动，这是因为上方船体的晃动给缆绳带来的张力变化。此外在缆绳下放速度变化的时刻，取样器会由于惯性的缘故，使缆绳张力发生突变。

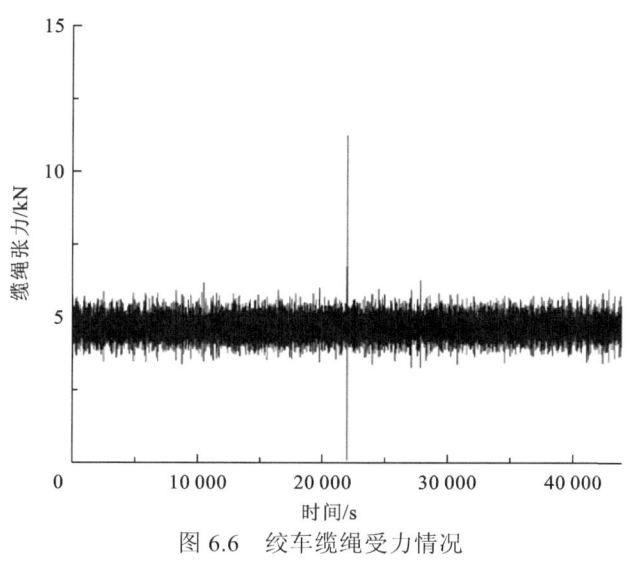

图 6.6 绞车缆绳受力情况

2. 取样器的偏移

由于海洋环境的影响，取样器在取样过程中会发生方向偏移现象。如图 6.7 所示，取样器在 x 方向上最大偏移幅值为 15 m，在 y 方向上偏移幅值为 -1.2×10^{-15} m。可以得出结论，在波浪角为 180° 时，取样器在 y 方向上的偏移量相对于 x 方向可以忽略不计。其原因，主要是波浪引起船体晃动导致的取样器的偏移。所以取样器偏移方向主要是在 x 轴方向，y 轴偏移对取样器影响不大。

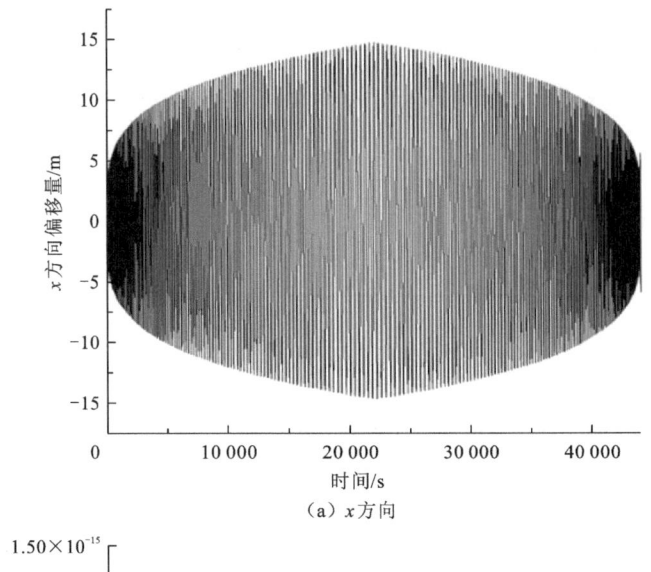

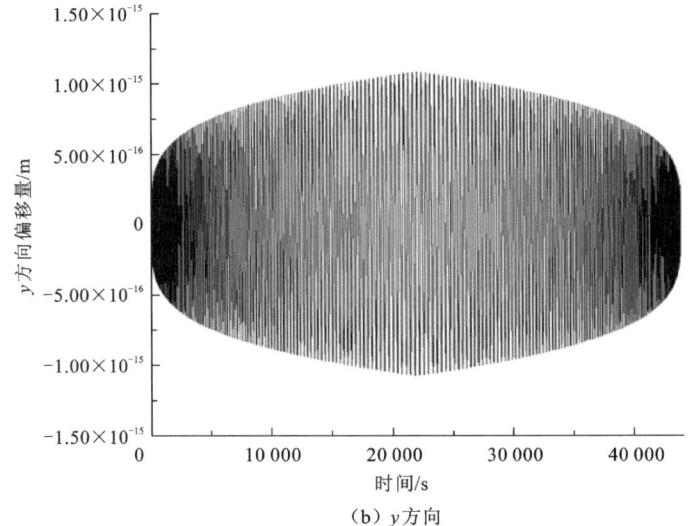

图 6.7 取样器在 x、y 方向偏移量

3. 不同波浪角的影响

当波浪力从不同方向作用时，船体会产生不同的运动响应，从而对系统造成影响。取样器入水时不同波浪角缆绳张力变化如图 6.8（a）所示。对于 180°波浪角的情况，当取样器开始接触水面时，缆绳张力开始骤减，一直到完全入水后张力才保持在 5 kN 左右浮动。当波浪角为 45°和 90°时，缆绳张力发生了持续时长约为 25 s 的大幅度波动，最大张力值达到了 15 kN 左右，这是因为此时取样器处于入水到完全浸没过程。对比 45°与 90°波浪角缆绳张力波动情况，可以发现 90°波浪角波动更加剧烈。图 6.8（b）为取样器触底前后不同波浪角下缆绳张力变化，从 27 500 s 开始，缆绳张力突然减小至 1 kN 左右，并且持续了 50 s 左右，其中当波浪角为 45°和 90°时，张力浮动更加剧烈，最小值为 0.5 kN，最大值为 9 kN。

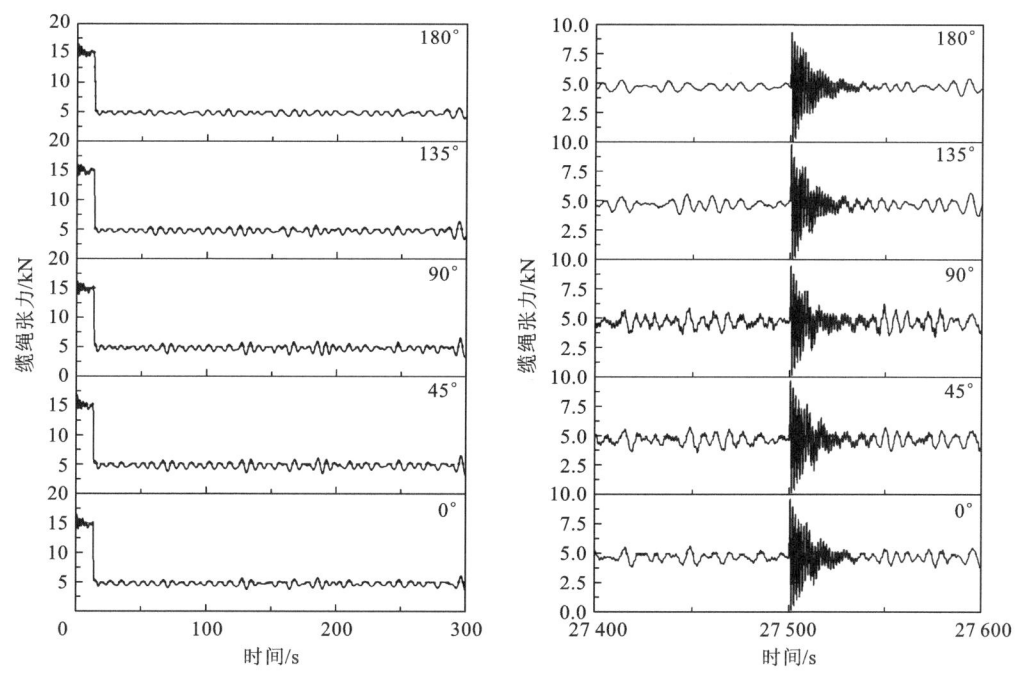

(a)取样器入水时不同波浪角缆绳张力变化　　(b)取样器触底前后不同波浪角下缆绳张力变化

图 6.8　不同波浪角缆绳张力变化

图 6.9 所示为不同波浪角下取样器的最大偏移量。当取样器接触海床时，其发生的偏移最大。当波浪角为 0°时，其 x 方向最大偏移量最大，为 22.5 m，此时在 y 方向的偏移量近似为 0。当波浪角为 90°时，在 y 方向上有最大偏移量 11.5 m，在 x 方向上的最大偏移量为 15 m。当波浪角为 45°和 135°时，其在 x 方向上的偏移值相差不大。所以在进行取样器收放操作时，应使科考船的方位沿着波浪角 180°的方向，这样能够尽可能地减小船体的运动对取样器 x、y 方向偏移的影响。

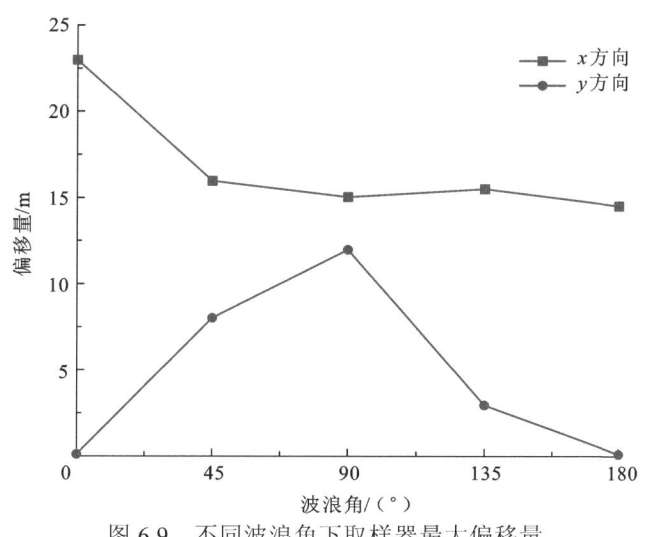

图 6.9　不同波浪角下取样器最大偏移量

4. 不同缆绳材料的影响

不同材料的缆绳，其轴向刚度不同，在取样过程中其受力状态也会有所区别。图6.10为不同材料缆绳张力变化对比图，如图6.10（a）所示，取样器完全入水前后不同材料缆绳张力变化值差别较小。如图6.10（b）所示，在取样器触底前后，相对于聚酯缆和钢缆，合成纤维缆绳张力值震荡之后能较快地恢复稳定，但是合成纤维缆绳在触底时张力变化幅值最大，最大值达到了9.5 kN。因此在使用合成纤维缆绳进行取样工作时，在取样器触底前应当提前降低下放速度，从而减轻触底造成的缆绳张力震荡。

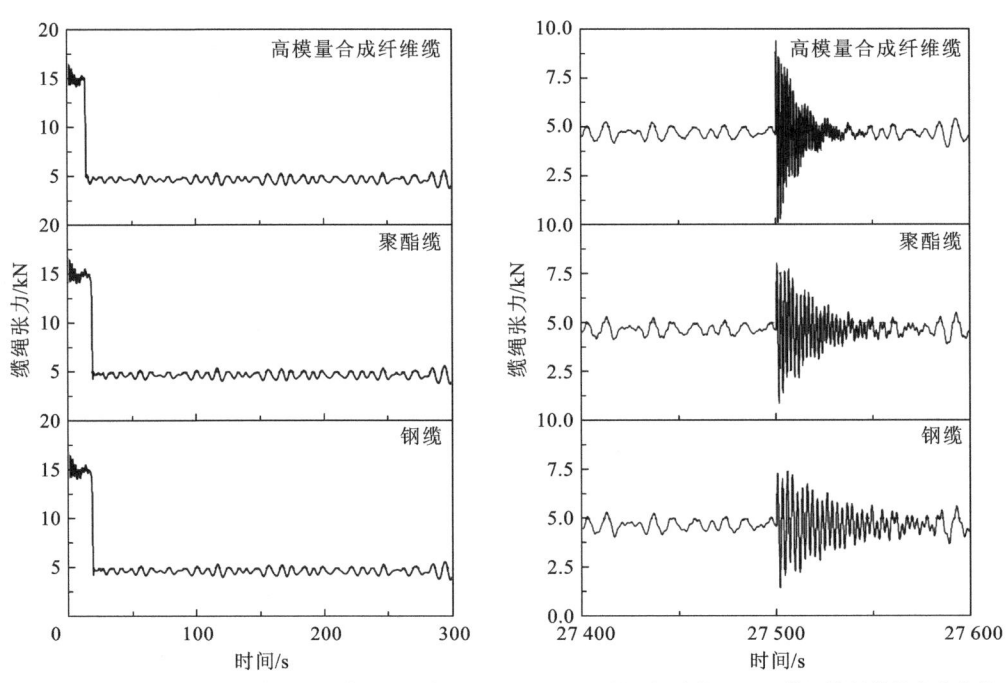

（a）取样器入水时不同缆绳材料缆绳张力变化　　（b）取样器触底前后不同缆绳材料缆绳张力变化

图6.10　不同缆绳材料缆绳张力变化

5. 不同缆绳下放速度的影响

在实际取样收放缆过程中，取样器的偏移量及缆绳张力都会受到外界因素的影响，缆绳的下放速度也是关键因素之一。由图6.11（a）可知，随着缆绳下放速度的增加，缆绳张力的最大值递增，而最小值呈递减的趋势。当缆绳下放速度为0.35 m/s时，缆绳张力最小值开始为0，此时为取样器触底的瞬间。由于触底时会产生冲击，此时海床给取样器的反向支持力抵消了取样器自身的重力，所以缆绳张力最小值开始为0。图6.11（b）为不同下放速度下取样器的最大偏移量，随着下放速度的增加，其最大偏移量并不是呈现单向线性的变化。取样器在x方向上的最大偏移量随着缆绳下放速度的增大，在整体上呈一个减小的趋势。

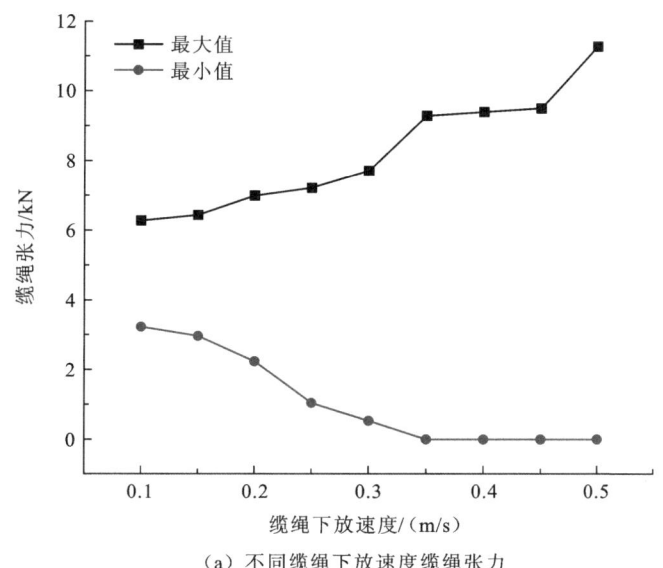

（a）不同缆绳下放速度缆绳张力

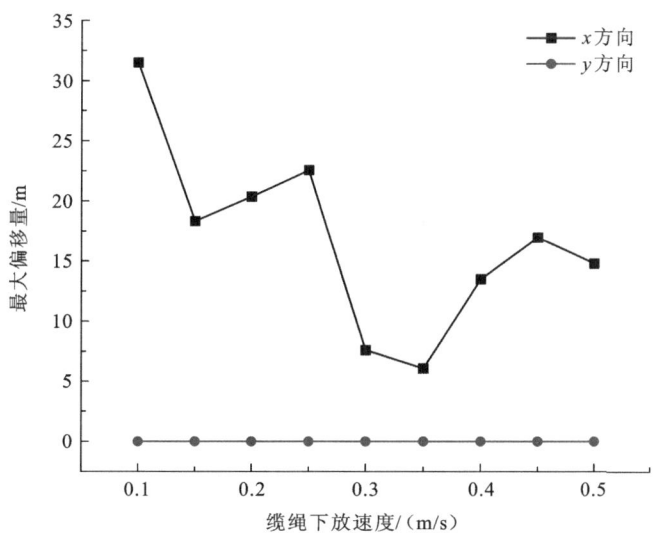

（b）不同缆绳下放速度最大偏移量

图 6.11 不同缆绳下放速度缆绳张力和最大偏移量变化

6. 不同作业水深的影响

在不同作业水深情况下，缆绳取样器系统的受力状态也有所不同，缆绳张力和取样器的偏移也会因水深变化而变化。图 6.12（a）为不同最大水深下缆绳最大张力的变化，根据前面不同缆绳下放速度下张力变化的结论，在下放速度恒定时，当取样器完全入水后，缆绳张力最大值应该发生在取样器触底时刻。由图 6.12 可知，随着最大水深的增加，缆绳最大张力值呈递减的趋势，且曲线的斜率越来越小，最后趋于平缓。

图 6.12（b）为最大水深下取样器的最大偏移量，因为船体和浪向角方向是平行关系，所以取样器在 y 方向上最大偏移量可以忽略。由图可知，随着最大水深的增加，在 x 方向的最大偏移量呈一个递增的曲线，斜率递减，并趋于平缓，但是增量值减少。按照整体曲线趋势，忽略实际水深限制，理想情况下 x 方向的最大偏移量最后会接近某一定值。

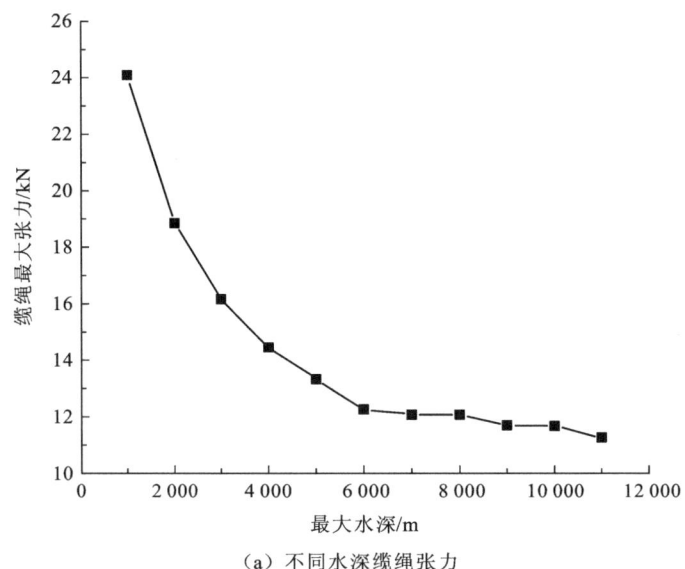

（a）不同水深缆绳张力

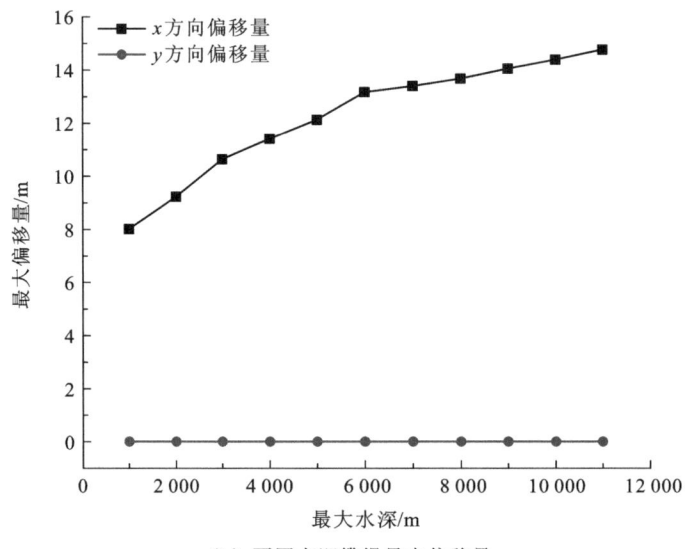

（b）不同水深缆绳最大偏移量

图 6.12 不同水深缆绳张力和最大偏移量变化

7. 不同海况的影响

海洋环境工况对船体的影响较大，因而对缆绳动力行为的影响也较大。由图 6.13（a）可知：随着海况等级的增加，缆绳最大张力先是减小，但曲线的斜率较小；在 1～4 级海况下，缆绳张力一直趋于平稳；当海况达到 5 级时，缆绳张力有小幅度增加，达到 10 kN；当海况达到 6～7 级时，缆绳张力短暂性地回到最初平稳状态，但随后，随着海况等级的增加，缆绳张力骤增；当海况等级为 9 级，缆绳最大张力为 22 kN。图 6.13（b）为不同海况等级下取样器最大偏移量，整体的取样器最大偏移量呈递增的趋势，但是变化量不是很大。当海况等级为 4 级时，有一个较小的增量，幅值为 15 m；在海况等级为 9 级时，最大偏移量为 29 m。

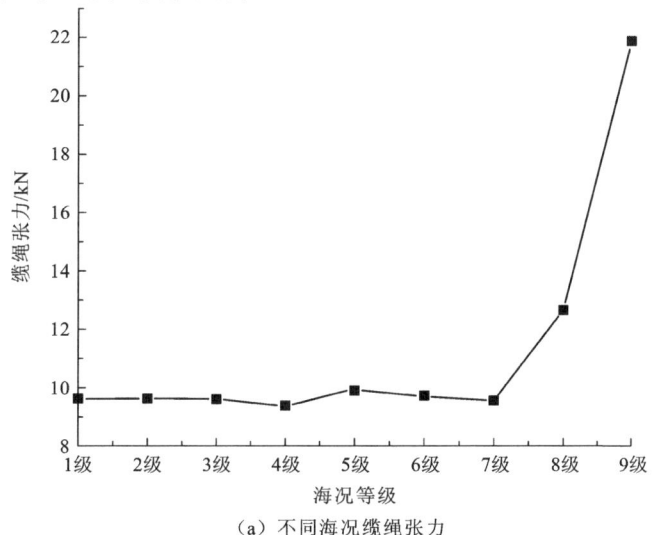

（a）不同海况缆绳张力

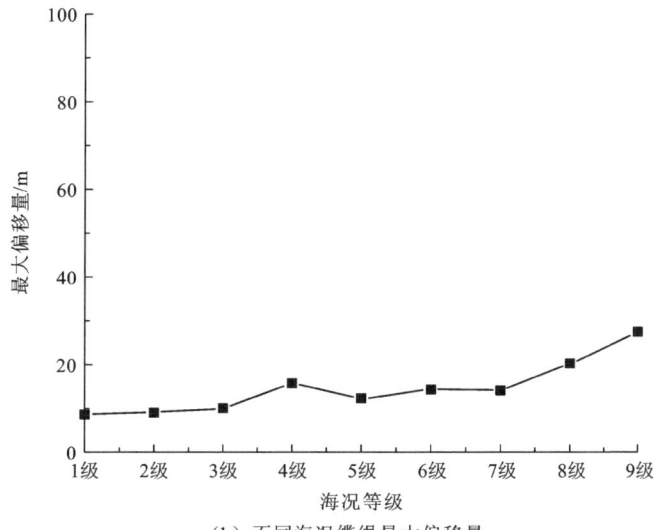

（b）不同海况缆绳最大偏移量

图 6.13 不同海况缆绳张力和最大偏移量变化

6.2.3 海试与仿真结果对比

地质绞车工作过程中，安装在绞车系统中牵引绞车卷筒轴部的测压传感器，可以持续测量水中缆绳的负载状况，通过记录海试过程中的地质绞车布放、回收时缆绳的实时张力，可与仿真结果进行对比分析。根据实际的张力传感器记录数据，缆绳张力与仿真结果对比数据如图 6.14 和图 6.15 所示。由图可知，缆绳张力的试验值与仿真值大致变化趋势是一致的，从而验证了仿真模型的正确性。

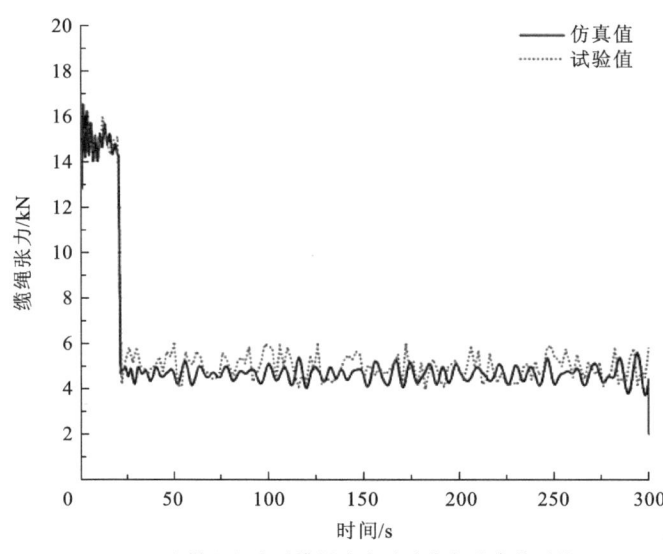

（a）取样器入水时缆绳张力试验值与仿真值对比

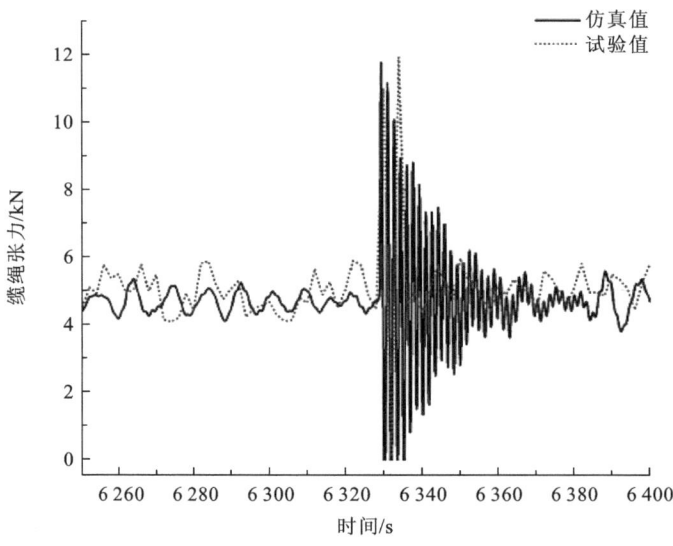

（b）取样器触底前后不缆绳张力试验值与仿真值对比

图 6.14　4 500 m 缆绳张力值对比

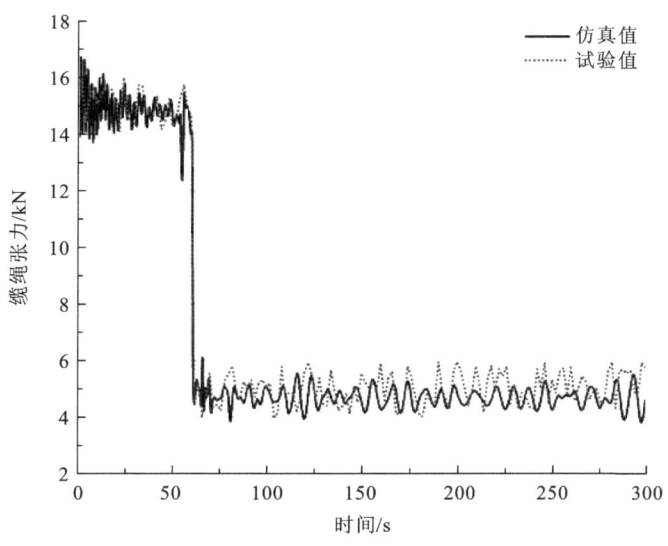

（a）取样器入水时缆绳张力试验值与仿真值对比

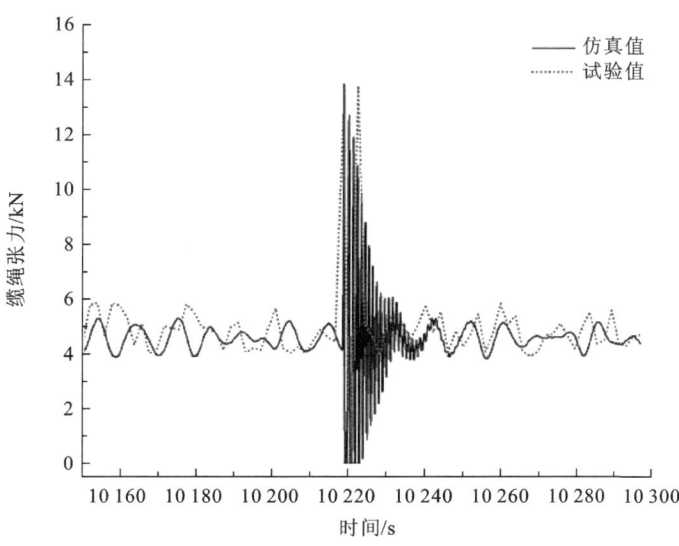

（b）取样器触底前后不缆绳张力试验值与仿真值对比

图 6.15　6 000 m 缆绳张力值对比

6.2.4　仿真总结

对全海深地质绞车分别在 4 500 m 和 6 000 m 水深取样器的整个收放缆过程进行仿真及计算，研究不同波浪角、缆绳材料、下放速度、海况和海深对绞车缆绳最大张力和最大偏移量的影响，结论如下。

（1）波浪角越接近 90°，缆绳张力浮动变化越杂乱，持续时间越久。当波浪角为 180° 时，缆绳张力波动最平缓，波动时间最短，且取样器偏移量在 x 方向和 y 方向上都达到最值。

（2）合成纤维缆、聚酯缆、钢缆的缆绳材料对最大偏移量的影响可忽略不计，在取样器完全入水前后 300 s 三种缆绳的张力相差较小，但合成纤维缆绳在触底时的张力变化更加明显，张力波动回复平稳，周期短。

（3）随着下放速度增大，缆绳张力极大值持续增大，缆绳张力极小值减少，当下放速度为 0.35 m/s 时，缆绳张力极小值为 0。而且，随着下放速度的增加，张力浮动越来越大，但是，取样器最大偏移量整体则呈现减少趋势。

（4）随着水深增加，缆绳最大张力值呈递减的趋势，且变化趋势逐渐平缓，最后趋向水平。在 x 方向上的最大偏移量随着水深的增加而增加，但变化趋势却逐渐平缓。

（5）5 级海况以下对缆绳最大张力影响不明显，9 级缆绳最大张力达到 22 kN；1～9 级海况对缆绳的最大偏移量影响总体不明显。

将仿真结果与实际海试数据进行对比，验证了仿真模型的可靠性，相关模型和结果可为科考船绞车系统的安全快速收放取样作业提供一定理论指导和技术支持。

参 考 文 献

[1] 吴刚, 黄维. 海洋综合科考船设计[M]. 上海:上海交通大学出版社, 2018.

[2] LOHRENGEL A, STAHR K, SCHULZE M, et al. Innovative drum construction for multi-layer winding with fibre ropes[C]. Proceedings of the OIPEEC Conference, F, 2015, Stuttgart.

[3] LOHRENGEL A, SCHULZE M, ERLENDSSON H, et al. The influence of high performance fibre rope designs on drum load and spooling performance in multi-layer drum equipment[C]. Proceedings of the OIPEEC Conference 2017 Rope-Present and Future, F, La Rochelle, 2017.

[4] YE H, LI W, LIN S, et al. Experimental investigation of spooling test on the multilayer oceanographic winch with high-performance synthetic fibre rope[J]. Ocean Engineering, 2021, 241: 110037.

[5] 李亚南, 祁圣民, 张鹏, 等. 一种重载减张力拖曳绞车的设计研究[J]. 海洋工程, 2014, 32(3): 122-126.

[6] 王俊霞, 梁利华, 史洪宇. 光电复合缆绞车牵引系统力学分析[J]. 海洋工程, 2017, 35(3): 125-130.

[7] 曹守启, 张舜, 胡勇, 等. 适用于深海细缆绞车减张力特性分析[J]. 机械设计与研究, 2015(5): 155-158.

[8] 朱孝录. 机械传动设计手册[M]. 北京: 电子工业出版社, 2007.

[9] 吕兆波. 储缆绞车液压恒张力控制系统设计与仿真[D]. 哈尔滨: 哈尔滨工程大学, 2017.

[10] 国家质量技术监督局. GB/T699—1999 优质碳素结构钢[S]. 北京: 中国标准出版社, 1999.

[11] 俞滨, 马国梁, 娄文韬, 等. 某液压回油管路回油背压及流动特性研究[J]. 机床与液压, 2019, 47(21): 160-163.

[12] Cordage Institute (CI). Test methods for fiber rope: CI 1500-02[S], 2006.

[13] International Standard Organization (ISO). Fibre ropes for offshore station keeping: BS ISO 18692-1[S] , 2018.

[14] Bureau Veritas (BV). Certification of fibre ropes for deepwater offshore services: NI 432 DT R02 E[S], 2018.

[15] MCKENNA H A, HEARLE, et al. Handbook of fibre rope technology[M]. Cambridge: Woodhead Publishing Limited, 2004.

[16] Li G, Li W, Lin S, et al. Dynamic stiffness of braided HMPE ropes under long-term cyclic loads: A full-scale experimental investigation[J]. Ocean Engineering, 2021, 230: 109076.

[17] Det Norske Veritas and Germanischer Lloyd (DNVGL). Design, testing and analysis of offshore fibre ropes, DNVGL-RP-E305[S] , 2019.

[18] Det Norske Veritas and Germanischer Lloyd (DNVGL). Position mooring: DNVGL-OS-E301[S], 2018.

[19] 张大朋, 白勇, 朱克强. 不同模式下拖缆对水下拖体运动姿态的影响研究[J]. 船舶力学, 2018, 22(8): 967-976.

[20] 刘亚男. 水下结构物下摆过程的姿态及响应分析[D]. 北京: 中国石油大学(北京), 2017.